真实的木心

杨大忠 著

九州出版社
JIUZHOUPRESS

图书在版编目(CIP)数据

真实的木心/杨大忠著.--北京：九州出版社，2024.4

ISBN 978-7-5225-2631-7

Ⅰ.①真… Ⅱ.①杨… Ⅲ.①木心（1927-2011）-人物研究-文集②木心（1927-2011）-文学评论-文集 Ⅳ.①K825.6-53②I206.7-53

中国国家版本馆 CIP 数据核字（2024）第 044238 号

真实的木心

作　　者	杨大忠　著
责任编辑	刘　嘉
出版发行	九州出版社
地　　址	北京市西城区阜外大街甲 35 号（100037）
发行电话	（010）68992190/3/5/6
网　　址	www.jiuzhoupress.com
印　　刷	河北赛文印刷有限公司
开　　本	880 毫米×1230 毫米　　32 开
印　　张	8.375
字　　数	180 千字
版　　次	2024 年 4 月第 1 版
印　　次	2024 年 4 月第 1 次印刷
书　　号	ISBN 978-7-5225-2631-7
定　　价	68.00 元

★版权所有　　侵权必究★

他的笔下,呈现出立体真实的木心
——序杨大忠博士《真实的木心》

研究桐乡乌镇名人木心及其作品,这股文学潮流从之前的默默无闻到如今的渐呈显学之势,的确令人非常感慨。

从木心作品进入大陆以来,学界对其评价呈现出截然对立的两派:要么过誉,要么过贬,很少听到客观理性的声音。而杨大忠博士之前出版的《木心十七讲——〈温莎墓园日记〉解析》评价木心的小说集《温莎墓园日记》中的17篇短篇小说,就显得非常公允理性。所有的解析都建立在具体文本内容以及占有大量资料的基础上,再加上自己的剖断,因而得出的结论让人信服,也被记录在案的木心言行所证实。这本《木心十七讲》也成为第一部全面综合解析木心思想的专著,在木心研究史上有着一定的价值。

大忠博士具有精深的研究能力,且研究领域非常广泛。让人倍感叹服的是,无论在哪个领域钻研,只要他愿意深入进去,总会取得丰硕成果。之前,他研究《水浒传》,短期之内就出了两本大部头的专著——《水浒论议》和《施耐庵驳议》，总计90万字左右；不仅如此，他还在各类学术期刊与大学学报发表水浒研究论文30余篇，其中不乏《明清小说研究》《南京师范大学文学院学报》这样高规格的刊物。凭借精深的研究与做人的真诚，他一直担任浙江水浒研究会的副会长，是不折不扣的水浒研究专家。他硕士博士阶段专业都是历史文献学，但入职桐乡市高级中学后因为学校不缺历史教师就改教语文，凭借超强的课堂教学能力与科研能力，于2019年被评为浙江省高中语文教授级高级教师，从而成为以全日制博士身份入职中学而评上正高的全国第一人。大忠转向木心研究，时间并不长，但短期之内《木心十七讲》顺利出版，近10篇有分量的木心研究论文呈现于各类学术期刊，不能不让人感到叹服。

　　大忠对木心研究有着极高热情，否则《木心十七讲》面世后，这本《真实的木心》不可能很快又与读者见面。他研究木心的过程，我是非常清楚的。2016年4月的一天，他来找我，交给我一篇1万多字的论文《木心小说〈寿衣〉思想解析》，告诉我说他准备研究木心。这是他研究的开始。之后的多次交流中，一旦谈起木心，他往往眉飞色舞神采飞扬。木心的生平、思想、作品，他烂熟于胸。

　　但他非常低调，不事张扬。可以说，外界很少有人知道桐乡还有一位叫杨大忠的木心研究者。2020年下半年在桐乡召开的全国第一次木心研讨会上，到会的许多学者都收到了大忠博士的《木心十七讲》，却很少有人知道大忠这个人。陈子善老师拿到这本很有分量的作品后，说："想不到桐乡还有这样一位深藏不露的木心研究者。"而此时大忠老师已经在各类学术期刊发表了近10篇木心研究论文了。成果丰硕却遭人冷落，这是木心研究的悲哀还是大忠博士的悲哀？但大忠对此却非常淡然，他说："我的主业是教学，不能误人子弟；研究木心是副业。有没有人知道我，无所谓。我从没想过借助木心来牟利，来出名，就像木心先生深居'晚晴小筑'不愿意任何人打扰一样。"

在这次学术会议上，来自全国的学者才知道了大忠的研究能力与水平：关于木心的点点滴滴，他竟然无所不知。如关于木心的爱情探索，是会议上的一个重要论题。有一位学者指出：木心肯定有过轰轰烈烈的爱情，否则他不可能把爱情写得如此深刻与美好。这种观点竟然得到很多人认可。对此，大忠博士指出："这不能成为木心经历过爱情的理由，因为木心从不相信所谓人生经历与文学创作的关系。他曾经说过，所谓体验生活，与劳动人民同吃同住同劳动，写出来的东西都是假大空。他的《日本文化是一场了不起的误解》，很多人看了都认为木心曾去过日本，实际上他根本没有去过；他的《恒河·莲花·姐妹》写的是印度阉人，非常妙，连印度人都相信木心去过印度，实际上木心从没有踏足这个国家。木心笔下出现过许多国家的风俗人情与自然风光，真实得令人感叹，但木心从没有去过这些国家。"仅从这个细节，就可以看出大忠博士对木心作品及文学思想的熟稔与通透。

大忠博士在会上提出了研究木心的"两个基点"和"三个原则"。"两个基点"是对叶慈"反文化"思想的继承与深化，即木心作品贯穿着对传统民俗社会的深沉缅怀和对未来世界的失望甚至绝望;"三个原则"是:知木心生平不尽,知木心作品不尽,知木心思想不尽,不可以言木心。"两个基点""三个原则"是大忠博士研究木心的心得提炼,是经得起推敲的概括总结。

如今,大忠老师的第二本木心研究专著《真实的木心》就要出版,这在木心研究领域是继《木心十七讲》后的一大幸事。

与《木心十七讲》相比,这本《真实的木心》研究领域更加广泛。《木心十七讲》是对木心小说集《温莎墓园日记》中的17篇小说逐篇进行解读,自成体系。对读者而言,阅读《木心十七讲》的前提是要将木心小说集中的小说阅读一遍,然后再与解读内容相对照,如此才能理解大忠的解读内涵。《真实的木心》的研究内容则非常庞杂,有关于木心轶事的钩沉,有对木心意识流小说的深度解读,有对木心作品与事迹的客观评论,有对木心文学艺术观的探索,有对木心俳句的内涵探究……很多解析可谓别出机杼,发前人之所未发,或者在前人研究基础上推陈出新,开拓出全新境界。精心阅读这本《真实的木心》的底稿,就会发现这本著作的完成绝非易事。该著作是在全面熟读木心作品的基础上,围绕一个个论述点,在占有大量研究资料的前提下,精心结撰成文。言之有据,辨析有力,解读精到,结论的得出方显得水到渠成。从这本专著,可以看出大忠博士对木心研究的用力之深,用功之勤,用心之缜密,这种对学术的执着实为难得。相信此书出版,会为木心研究趋向深入奉上一份厚重之礼。

目前,桐乡的木心研究已呈现非常可喜的局面,成立木心研究会已经提上日程。今后的木心研究,寄希望于杨大忠博士、张天杰教授和夏春锦研究员等一代新学人。我们有充足的理由和充分的信心展望木心研究的灿烂图景,更希望杨大忠博士今后能够再接再厉,推出新的木心研究成果。

是为序。

王士杰

2021年5月9日

目 录

第一章 木心逸事、逸文钩沉 ---------- 001
　　新中国成立前的木心逸事　/ 001
　　新中国成立后的木心逸事　/ 031
　　木心逸文探析与辑录　/ 048
　　对木心本人爱情故事的探索　/ 077

第二章 木心的人事交集及人物品评 ---------- 087
　　木心的母亲沈珍女士　/ 087
　　从木心与李梦熊的交往见木心的艺术境界与追求　/ 098
　　木心论张爱玲　/ 113
　　木心论鲁迅　/ 120
　　木心与乌镇的一世情缘　/ 138

第三章 木心的文学、艺术成就 ---------- 168
　　"茅盾书屋"对木心的影响　/ 168
　　少年木心的读书感受　/ 173

"艺术是前世的回忆"
　　——从木心的"迷信"看木心的艺术思想　　/ 182
论木心对文学、艺术的总结　　/ 200

第四章　木心作品解读 ······ 210
木心意识流散文《哥伦比亚的倒影》解读　　/ 210
木心意识流散文《明天不散步了》再解读　　/ 228

附　录 ······ 241
孤标傲世、迥异流俗的回响
　　——评赵思运教授主编《一个字一个字地救出自己——木心的文学世界》　　/ 241
系统解析木心作品思想的滥觞之作
　　——评杨大忠教授的《木心十七讲——〈温莎墓园日记〉解析》　　/ 246

后　记 ······ 253

第一章 木心逸事、逸文钩沉

新中国成立前的木心逸事

木心于1927年3月17日出生于桐乡乌镇,1949年中华人民共和国成立,木心23岁。在这23年的人生历程中,木心的大致生平事迹已经被夏春锦兄弟的《木心考索》与《文学的鲁滨逊——木心的前半生(1927—1956)》完整呈现了出来;两书之后皆附有《木心年表》,按照时间顺序对木心的人生轨迹排列梳理,使读者一目了然。但问题是,年表中木心事迹都是概括性的总结,仅反映了木心生平,重点没有放在木心的人生细节上。而新中国成立前木心人生中的种种细节性材料,对于探索木心思想的演进无疑更有价值。

木心在很多著作尤其《文学回忆录》中,说到自己童年往事,往往以"小时候""少小时""童年""儿时""自幼""幼时"等来概括,用得最多的就是"小时候",很少有明确的时间界定。这些模糊的时间概念与木心常说的"少年""少年时""少年时代"是否有交叉甚至重合,的确存疑。谨慎起见,还是将"小时候"与"少年时"分开阐述。

一、木心"小时候"的事迹钩沉

著者曾将木心的思想归结为两个基点:对民俗社会的无比怀念①、对未来社会的失望与绝望②。其中对民俗社会的充分描绘构成了木心"小时候"事迹的重要内容。

木心生活于民俗社会的尾声,他对于民俗社会的怀念,主要体现于三个方面,从这三个方面也可见木心的童年逸事。

(一)对没有经过现代工业化气息浸染的传统自然风光与传统世俗生活的牵挂与追忆

木心笔调轻盈、灵动、秀气、洒脱,如诗如画的自然风光在他的笔下得到淋漓尽致的展现,真正体现了诗画一体的美好意境,如诗歌《春舲》。

> 迎面风来
>
> 耳朵嗖哨响
>
> 秧田淌满清水
>
> 远杨柳
>
> 晕着淡绿粉

---

① 杨大忠:《木心意识流散文〈哥伦比亚的倒影〉解析》,《名作欣赏》(上旬刊)2020年第1期。
② 杨大忠:《木心意识流散文〈明天不散步了〉再解析》,《名作欣赏》(上旬刊)2020年第12期。

近的丝条垂下
发鹅黄的光
从没见过似的
母亲,姐姐
今年有姑妈
自己出汗的手
都新,软
檀香皂的气味
那么一大片
听话的紫云英
又一片接过去
母亲在说
去的时候
不作兴的
回来,随便吃
谁偷酒偷果子了
橹声像奶娘
油菜花黄呀
比紫云英凶
土地庙,火柴匣
不是望去小
到近了也小
过桥洞,莫作声
水底下还有桥

听到人声它要浮上来

阿九每次都关照

阿九摇橹

小宝撑篙

又咳又笑

说了河岸上

拎包的女人

讨挨骂

没骂

船两边摇

大家都晃

朱漆条箱肃静

祭祖的三牲

糕团水果

端端正正排着

光裸的鸡

强硬和善地跪着

姑妈绣鞋

黑缎一枝梅

表哥不是不想来

他家也上坟

二表哥最火灼灼

乌眉往下压

眼顶上去

说话嘴不动

他坏

对别人坏

这些事　许多

不告诉姐姐

早上嫌旗袍紧

换裙袄

常穿背带工装裤

阴丹士林布

她总是蓝

蓝边瓷盘中

鱼身上

盖着葱,笋丝

很舒服的样子

春假三天

连星期日四天

两天去了

马夫赌咒说

明朝一定

一定产驹子[①]

　　这首诗显然写的是木心小时候和母亲、姐姐、姑妈一起去祖坟祭祖走水路时所见、所思、所感。春风骀荡,杨柳垂青,秧田注

[①] 木心:《我纷纷的情欲》,广西师大出版社2013年版,55—58页。

满清水,成片的紫云英,金黄的油菜花……到处呈现出大自然的无限风光与蓬勃活力;摇橹撑篙的水路喧阗,母亲对偷酒偷果子的忠告,祭祖三牲的滑稽形态,二表哥的"坏",姑妈绣着一枝梅的黑鞋,姐姐的装饰,船夫的赌咒,嘲笑岸上拎包女人而没有遭骂等等,无不是民俗社会最确切的体现与隐射。祭祖的沿途旅程,从孩子的视角来看,无疑是快乐惬意的、充满诗意的。《春舲》表现的生活,无疑是真实的,是木心对童年生活的美好回忆。这些童年的美好时光,还体现在木心跟随母亲和一大串姑妈、舅妈、姨妈上摩安山去做佛事,祭祖焚"疏头"。木心散文《童年随之而去》就反映了这种生活场景。作品将孩子的天真活泼、童言无忌和随心所欲体现得淋漓尽致,快乐蕴含其中。舟行水上,碧波荡漾,山色苍翠,凉风习习,两岸满山的杜鹃花,河滩上五色小卵石,黛绿的螺蛳,清灰而透明的小虾,远方声声啼叫的鹧鸪……无不生机盎然,趣味丛生。那只随水而去的越窑碗,预示着童年随之而去。留下的,是惆怅之中的无尽欢乐与趣味。

木心的诗《蚕歌》还写到了江南小镇的养蚕生活。

> 忆儿时春来养蚕
> 蚕蚕而不蚕于蚕的样子
> 我家富闲,养蚕以明志耳
> 每年使我惊喜、亢奋、迷茫
> 长日静穆无聊赖的家
> 有了这件闺第诚惶诚恐的事
> 洗蚕箔,扎蚕蔌,满宅桑叶清香
> 啮声沙沙如深夜荷塘密雨

初眠,二眠,第四次叫大眠

作茧成蛹、化蛾,破茧而复活

采茧,缫丝,庆典似的喜气洋洋

那么一切要等明年了

小孩子是不知道等待的

只知道石榴花开暑假到来①

木心家境优裕、"富闲",他家养蚕并非出于生计,而是借以"明志",但养蚕的过程及感受却使木心"惊喜、亢奋、迷茫"。木心在诗中说自己的家"长日静穆无聊赖",只有养蚕才使家庭"诚惶诚恐"地热闹起来。这里写到了木心对大家庭的总体态度并不是很满意,他在作品中以及很多场合都说到过童年生活,同时兼有对大家庭的评价。如:

我还玩过斗刀螂呢,我把它们放在一起,不斗的,后来看到斗了,纠缠在一起,嫩绿色的,很好看,我把它们分开,说,你们那么好看,打什么呢!我那时小,待在深院子里面,无聊,后来这些很快就不玩了。②

"斗刀螂"是木心童年趣事,同时也说到大家庭"深院子里"的生活是"无聊"的。木心后来曾说:"家里小时候也是万贯家财,我不喜欢,一点乐趣都没有。"③可见幼年时期的木心对乌镇大家庭包括自己家庭的总体态度。

---

① 《我纷纷的情欲》,150 页。
② 曹立伟:《木心片断追记》,《木心逝世三周年纪念专号》,广西师大出版社 2015 年版,169 页。
③ 木心讲述,陈丹青整理:《文学回忆录》之《最后一课》,广西师大出版社 2013 年版,1073—1074 页。

木心幼年时的全家福

木心始终不能忘怀小时候传统江南小镇的美食。他的诗歌《少年朝食》中细致描绘出幼时家庭早餐的精致。

清晨阳光

照明高墙一角

喜鹊喀喀叫

天井花坛葱茏

丫鬟悄声报用膳

紫檀圆桌四碟端陈

姑苏酱鸭

平湖糟蛋

撕蒸笋

豆干末子拌马兰头

莹白的暖暖香粳米粥

…………

吁,予仍频忆江南古镇

梁昭明太子读书于我家后园

窗前的银杏树是六朝之前的

昔南塘春半、风和马嘶

日长无事蝴蝶飞

而今予身永寄异国

读书礼乐一忘如洗

犹记四季应时的早餐①

---

① 木心:《云雀叫了一整天》,广西师大出版社2009年版,91—92页。

木心是个非常怀旧的人。童年时期的早餐决定了他的味蕾是守旧的，以至于即便他后来身处美国也无法忘怀，他甚至无法接受餐饮的与时俱进。1994 年，木心重返乌镇，回美国后写了散文《乌镇》。文中写到他踏进乌镇的餐馆，按照堂倌的指点点上红烧羊肉、加了雪里蕻的黑鱼片串汤和半斤黄酒的时候，却发出感叹："从前乌镇冬令必吃羊肉，但黑鱼是不上台面的，黄酒是不加糖的。"五十年后的乌镇，黑鱼堂而皇之上了台面，黄酒竟然还有加糖的喝法，这是木心在情感上接受不了的。童年的味道再也回不来了，因而"越吃越觉得不是滋味"。散文《上海在哪里》有一章《中听中看不中吃的美食》，说到晚年木心返回上海寻访当年吃惯的老字号，结果是"一概变质变味，过去的醇醇记忆终结了，欲解乡愁，倒落得个乡怨乡恨"。童年时期的美食就像烙印一样印刻于木心的心田，终生无法忘怀。

（二）对传统民俗社会中写诗、品诗、听书、听小说、看戏等小镇生活场景的缅怀与追忆

木心在乌镇生活的年代，像他的家庭那样的大户人家，魏晋遗风、唐宋余绪仍没有尽消。"母亲、姐姐、姐夫、姑系舅系的老少二代人，谁都能即兴口占一绝一律，行酒令、作对联句，更是驾轻就熟，奇怪的又是各自城府深深，含蓄不露，专待别人出笑料。"即便像没有学问的海伯伯，酒醉之后，也诗兴大发，白壁题写一首至少有三处不妥的七绝，而被木心母亲笑话为"薛蟠体"。①

木心母亲沈珍女士,更是一位精通古典诗词的大家闺秀。木心曾在多个场合与作品中说到母亲教自己和姐姐读唐诗尤其杜诗之事。小说《夏明珠》讲到太平洋战争爆发后,古镇落入日本侵略者之手,逃难一圈后"我们"又潜回到了古镇,夜晚"我"和姐姐去后花园玩得十分开心,觉得应该请母亲来分享,母亲答应了,当夜——

> 洗沐完毕,看见桌上摆着《全唐诗》,母亲教我们吟诵杜甫的五言七言,为了使母亲不孤独,我们皱起眉头,装出很受感动的样子。母亲看了我们几眼,把诗集收起,捧出点心盒子——又吃到故乡特产琴酥、姑嫂饼了,那是比杜甫的诗容易体味的。

母亲看出姐姐和"我"对点心的兴趣要大于对杜甫的诗,就按照孩子喜欢的,给孩子一个快乐的月夜——母亲也是个好家庭教育者。这种家庭启蒙教育的方式,一直为木心所津津乐道。《文学回忆录》中有非常精彩的记载:

> 教我读杜诗的老师,是我母亲,时为抗战逃难期间。我年纪小,母亲讲解了,才觉得好,因此闹了笑柄:有一次家宴,谈起沈雁冰的父亲死后,他母亲亲笔作了挽联。有人说难得,有人说普通,有人说章太炎夫人汤国梨诗好(汤是乌镇人),我忍不住说:
>
> "写诗么,至少要像杜甫那样才好说写诗。"

---

① 木心:《海伯伯》,《木心逝世两周年纪念专号:〈温故〉特辑》,广西师大出版社2014年版,3—4页。

亲戚长辈哄堂大笑,有的认为我狂妄,有的说我将来要做呆头女婿,有的解围道:童言无忌,童言无忌。更有挖苦的,说我是"四金刚腾云,悬空八只脚"。我窘得面红耳赤,想想呢,自己没说错,要害是"至少"两字,其他人根本没有位置,亲戚们当然要笑我亵渎神圣,后来见到,还要问:

"阿中,近来还读杜诗么?"①

这段让人忍俊不禁的记载,说明当时的乌镇民众善于品评古诗,对古典诗歌自有一套臧否褒贬的标准,但认同杜诗则是统一的意识。年幼的木心认为诗歌"至少"要达到杜诗的标准才能说是诗,这就将水平在杜诗之下的所有古典诗歌一笔抹杀了。难怪众人"哄堂大笑",说木心过于狂妄。从这件事中,我们可以看出民俗社会时期的乌镇充满浓郁的书香之气,腹有才华的人比比皆是。生活于这样的环境,木心从小就饱读诗书,其中《易经》的学习同样离不开母亲的指导。

我小时候读四书五经:《大学》、《中庸》、《论语》、《孟子》(经、史、子、集),《易》、《书》、《诗》、《礼》、《春秋》(原来是六经,《乐经》亡于秦,汉以《诗》、《书》、《礼》、《易》、《春秋》为五经)。四书中,我最喜欢《论语》,五经中,我最喜欢《诗经》,也喜欢借《易经》中的卜爻胡说八道。

夏天乘凉,母亲讲解《易经》,背口诀:"乾三连,坤六断,震仰盂,艮覆碗,离中虚,坎中满,兑上缺,巽下断。"②

---

① 木心讲述,陈丹青整理:《文学回忆录》第二十一讲,广西师大出版社2013年版,265页。

② 《文学回忆录》第十五讲,191页。

乌镇人除了即兴写诗、品诗,还特别喜爱听书,听小说,尤其喜欢平话这样的民间文学。"平话"就是小说,也称"评话""说书"。木心认为平话意义特别重大,将其看作"中国民间的历史教科书":"旧时一般有知识的家庭,家中东一堆西一叠这类平话本,实在是中国民间的历史教科书。"这类平话在木心家里的用人中非常盛行,用人们讲得绘声绘色,幼时的木心也听得非常仔细,并由此奠定了学习历史知识的基础。

  春夏秋冬,每天晚上听。这间屋里在讲薛仁贵大战盖苏文,那间屋里在讲杨宗保临阵私配穆桂英,走廊一角正在讲岳飞出世,水漫汤阴县,再加上看京剧,全是这些传奇故事。我清晰记得上辈都为英雄忧的忧,喜的喜……①

  我家的男佣人讲得眉飞色舞,不识字的老实人听得久了,记住了,也讲得凿凿有据。从小野史看得多了,后来读政史,就容易读进去,记得住。②

这类民间的说书,不仅在家里上演,乌镇也有专门的说书处:"直到民国,说书仍然流行。我的表叔表哥下午都不在家,天天要去听书。……小时候听说书,是文化生活一大享受。"③不过,由于这些平话主要通过口耳相传的方式进行传播,它们最终散佚是不可避免的。平话的散佚,就是民俗社会消失的表现之一,非常可惜。这种平话,往往为正统文学,甚至被称为"雕虫小技"的小说所不容,所以木心说:"奇怪的是,这种民间社

---

① 《文学回忆录》第三十四讲,428—429 页。
② 《文学回忆录》第三十四讲,428 页。
③ 《文学回忆录》第三十四讲,427 页。

会,《红楼梦》一点没有提到。《老残游记》《儒林外史》,也只稍稍点到——不应该忘记这些民间文化,我将来还要说的。"①不忘记民间文化,其实就是木心对待民俗社会的态度。幼年木心,不仅喜欢听家里的人佣人们讲平话故事,还喜欢翻看这些书:"我小时候很喜欢翻这类书(注:评话本,即中国民间的历史教科书),觉得滑稽,以此反证自己的历史知识。"②木心还对一些小说的成书传说兴趣盎然:"我儿时听说王世贞以此书(《金瓶梅》)献严世藩,渍毒汁于书页,世藩翻书,习惯以口涎润指而翻书,乃中毒死。"③

平话中的侠义公案小说,如《三侠五义》《施公案》《彭公案》等,乌镇人更是耳熟能详,甚至倒背如流。年幼的木心听家里的佣人们讲解这些小说,津津有味,如醉如痴。

小时候吃过晚饭,佣人就在家里讲这些,讲到忘记时,"日行夜宿,日行夜宿……"但不肯翻书。翻书是坍台的。

所以我很怀念从前的民间社会,可惜不再来了。我也不过是享受到一点夕阳残照。那时年纪小,身在民间社会,不知福,现在追忆才恍然大悟,啊呀啊呀,那可不就是民间社会吗?④

听完小说后还能够复述给他人听,这种普遍的社会现象是民间社会的重要表现特征之一,也构成木心怀念民俗社会的缘

---

① 《文学回忆录》第三十四讲,429页。
② 《文学回忆录》第三十四讲,428页。
③ 《文学回忆录》第三十四讲,436页。
④ 《文学回忆录》第五十六讲,726页。

由。木心说自己"身在民间社会,不知福",似乎有后悔的语气,正可说明木心对民间社会的珍惜与缅怀。

在年幼木心的心里,说书人的地位是非常高的。"犹记童年的中秋夜宴邀客名单上,魏晋人士占了一半,柳敬亭、王月生也是请的,宋代理学家一个也不请。"①柳敬亭是明末说书名家,王月生是明末艺妓,童年时期的木心就推崇这两人,可见其对民间艺术的态度。

看戏,对于童年时期的木心来说,更是莫大享受。晚年木心,说到童年看戏,仍旧回味无穷。"儿时观剧,印象最深的是戏台上一片夜色,由近而远的白色营篷,点点红黄的篝火,我心里充满赞叹,恨不能预身其间,这是我最早感知的苍凉之美。"②夜色下的戏台,如同人间仙境,不能不引起木心的共鸣。

木心对童年时期乌镇的印象,集中于小说集《温莎墓园日记》的序言中。此序主要写到了小时候乌镇看戏时的种种乐趣。木心在乌镇所看的,主要是"班子戏"和春天盛行的"草台戏"即社戏。看戏的场景与乐趣,著者在拙文《从木心作品看木心对乌镇的情感变迁》(《湖州师范学院学报》2020年第7期)中已经作过深刻说明,读者自可搜索观看,兹不赘述。除了"班子戏"和"草台戏",儿时的木心还喜欢京剧,并且对此非常着迷:"我小时候看京剧《红线盗盒》,大着迷,那刀马旦的行头,紧

---

① 木心:《寒砧断续》,《即兴判断》,广西师大出版社2006年版,60页。

② 木心:《快乐的伤兵·后记》,《伪所罗门书》,广西师大出版社2013年版,39—40页。

俏好看。"《红线盗盒》属唐代传奇,说的是女侠红线为帮助潞州节度使薛嵩躲避政敌的迫害而夜探政敌的寝处并取回对方宝物以此震慑对方的故事。木心看了此剧后,竟然联想到乌镇的"侠":"我乌镇老家曾有'侠'来,搜宝不得,留字而去,指明天请查堂扁,梁上竟有棉被铺着,似荔枝、桂圆壳尽在。"①可见童年时京剧对木心的深刻影响。

(三)"小时候"的其他逸事

客观地说,幼年时的木心对乌镇的总体印象不是太满意,虽然乌镇也承载了他的很多快乐。他曾直言:"我童年在乌镇所见,几乎家家户户都有见不得人的丑事暗暗进行。"②就自己家族而言,木心在散文《乌镇》中就说到自己的表兄弟们贪图小镇之安逸优裕,不求上进,时事风云一变,最终只能坐以待毙。这样的人,木心是哀其不幸怒其不争的。

> 乌镇人太文,所以弱得莫名其妙,名门望族的子弟,秀则秀矣,柔靡不起,与我同辈的那些公子哥儿们,明明是在上海北京读书,弗称心,一个个中途辍学,重归故里,度他们优裕从容的青春岁月,结婚生子,以为天长地久,世外桃源,孰料时代风云陡变,一夕之间,王孙末路,贫病以死,几乎没有例外。我的几个表兄堂弟,原都才华出众,满腹经纶,皆因贪恋生活的旖旎安逸,株守家园,卒致与家园共存亡,一字一句也留不下来。

---

① 《文学回忆录》第二十九讲,362页。
② 《文学回忆录》第三十四讲,438页。

小镇之人,鼠目寸光,眼界褊狭,自以为天长地久,殊不知大浪淘沙。木心从家族的潦倒沦落中看到了乌镇人的墨守成规甘心平庸,他对乌镇自然没有好印象。

不仅如此,亲戚们惨淡败家,甘心堕落;后辈们狭隘庸俗,奸狡阴滑,更是让木心不堪所见:"外婆墓木拱之又拱,舅辈荡尽产业,表兄弟尚在争那几股不争气的气,表侄们一概不见子都子充,乃见促侹狡童,所以哀莫大于心不死的回答是,微君之躬,胡出乎泥中。"①

作为大户孙家的独苗,童年木心过的自然是衣来伸手饭来张口的生活。木心曾告诉曹立伟,说自己七八岁了都没有怎么走出过自家大院,"什么商店啊,买东西啊,都不懂,钱也没见过,有一天,可能是第一次上街,丫鬟抱着走,碰到熟人了,对方说,哎哟,这么大了还要人抱着啊,我听到一下子就出溜下来了,脸红的呀,哎噫噫呀,不用说了,后来才注意到我当时的个子比那个丫鬟没矮多少"②。这种寄生式的生活经人提醒,年幼的木心才意识到其荒唐性,对抱着自己上街的丫鬟深感歉意。如果说这件事反映了木心对下层劳动人民抱有同情与悲悯,读者可能会认为拔高了木心的思想,但幼年时期的另外一件事则可以肯定这个结论。木心曾回忆:"小时候,我家里有一位常年工作的裁缝,为五个主人做衣服。有一天走进他的工房,见他裁剪、

---

① 木心:《向晦宴息》,《素履之往》,广西师大出版社2007年版,146页。
② 《木心片断追记》,《木心逝世三周年纪念专号》,176页。

过浆、熨烫、一针针缝,烦琐极了,以后我穿新衣时,总感有一种罪孽。"①为什么"总感到有一种罪孽"?因为之前穿新衣服总觉得是理所当然的,没想到制衣过程如此烦琐,制衣师傅如此辛苦。新衣服穿在身上固然舒适,但浸染的却是看不见的别人的辛劳。

很少有人知道的是,木心幼年竟然还有出家的经历,这段经历后来由于木心的反抗中止了。"我幼年时,袈裟、芒鞋、法号,皆齐备。因为我上面有五个兄长已死,防我也死,要我出家。我不肯焚顶行礼,逃出来,但耳朵上穿了一个洞。"②"上面有五个兄长已死"是家族要木心出家的原因,这五个兄长应当是堂兄弟。但木心最终还是逃了出来,他不想当和尚。至于这段出家生活的具体情形,木心曾说得非常明确:"我小时候曾做过和尚,法号常棣,有芒鞋袈裟,模样是非常 fashion。"③木心没有成为出家人,当然是读者之幸。

木心的母亲沈珍女士,是木心终生崇敬的亲人。木心最终能成为享誉海内外的作家,母亲的教诲与一贯的支持是重要原因。关于这个问题,本书中《木心的母亲沈珍女士》一节将作深入阐释。木心幼年时期,母亲的一句教导让他铭记终生:"人多的地方不要去。"这句话意味深长,"那是指偶尔容许我带仆人出门玩玩。现在想来,意味广大深长。在世界上,在历史中,人多的地方真是不去为妙。"因为"文学家个人的命运和文学史的

---

① 《文学回忆录》第三十五讲,446页。
② 《文学回忆录》第九讲,113页。
③ 《文学回忆录》第五讲,68页。

大命运,往往不一致。要注意个人的作品,不要随文学大流,大流总是庸俗的"①。

木心七岁丧父,除了《海伯伯》一文,他的作品中很少提到自己的父亲孙德润。但他却说到了父亲去世时自己的感受以及这件事对自己的影响。

> 我七岁丧父,只记得家里纷乱,和尚尼姑,一片嘈杂,但我没有悲哀。自己没有悲哀过的人,不会为别人悲哀,可见欣赏艺术必得有亲身经历。1956年我被迫害,死去活来,事后在钢琴上弹贝多芬,突然懂了,不仅懂了,而且奇怪贝多芬的遭遇和我完全不同,所以他的悲痛与我如此共鸣?
>
> 细细地想,平静下去了,过了难关。我当时有个很稚气的感叹:"啊,艺术原来是这样的。"那时我三十岁,我的意思是说,三十岁之前自以为颇有经历,其实还是浅薄。②

因为年幼时无知,父亲去世,木心并没有感到过多悲伤;七岁的儿童,对亲人辞世这样伤心欲绝的事情都没有太多悲痛感,对于其他人去世当然也不会有沉痛感受。所以,产生痛感的前提条件就是必须有足够的人生阅历。丰富的人生阅历促发情感的共鸣,唯有人生阅历足够丰富,面对同类性质的遭遇,才能产生一致的情感。这就是木心与贝多芬虽遭遇不同但"悲痛"一致的原因。对于艺术来说,艺术家对艺术素养的追求不积淀到一定程度,就会像幼年木心面对父亲的死亡无动于衷一样,就不可能产生真正的艺术。这样的艺术,无疑是浅薄的。

---

① 《文学回忆录》第四十九讲,628页。
② 《文学回忆录》第四十六讲,594页。

二、木心少年时期的逸事钩沉

木心少年时期的轶事,主要集中记载于《文学回忆录》,其他集子也有涉及。木心十七岁离开乌镇前往杭州求学,时为民国二十三年(1943年)。如果以1943年为界,将之前定为木心的童年与少年时期,将1943年至1949年这段时间定为木心青年时期的前半期,界限是非常清晰的。前文已经说过,木心的童年与少年时期的界限非常模糊,为谨慎起见,将木心作品中明确或较为明确地以"少年时""少小时""十多岁时"等说法出现的事迹定为木心少年时期逸事是较为稳妥的。另外,木心的少年逸事大多都是读书感受与求学心得,关于这个问题,著者拟撰专文阐述。这里钩沉的往事,主要是读书与求学之外的事。当然,因阐述必要而偶有交集也是可能的。

少年时的木心,就有着一定的怀疑精神与批判意识。他说自述读《文天祥传》时的感受可为例子。

十多岁时读《文天祥传》,读到"自奉甚丰",觉得很投契,读到"轩眉入鬓,顾盼晔然",觉得很漂亮,很喜欢他,再读到他年轻时有一次走进宗祠,看到先祖们都曾有官衔有封赠的称号,他叹道:"殁不俎豆其间,非夫也。"我便感到索然无趣——一是我的年龄使我不向往"俎豆其间",二是我生性顽劣,本能地感到功名富贵很麻烦,勿开心。古代的英雄豪杰似乎在童年就非常自觉,真是这样的吗?①

非常成人化的自觉意识,岂能是童年时期就有的?中国历史上的名人,往往都在扮演了重要历史角色后,后人依据他们事迹的性质凭空杜撰出一些附会之事借以加深他们的历史影响。这样的事情是非常普遍的。木心的质疑非常有道理。

木心从小就开始写作,并且非常羡慕卡夫卡写了随后烧掉稿子的境界。从十四岁开始,木心正式写作,之前的写作煞有介事,但因为没有生活经验,往往无法下笔。"小说一定要有生活体验。我小时候写作,环境、天气,都写好了,咖啡也泡好了,主角开口了——完了,不知道写什么对话呀。……我十四岁开始正式写作,弄个笔记本,什么都写,不停地写。"②此时的写作主要模仿别人的风格,而且喜欢写"素净"的作品,这引起了亲人的担忧。

> 就我少年的记忆,模仿别人风格时,不知怎的,神闲气定,俨然居高临下,其实根本不知道自己的风格在哪里。姊夫姊姊看了我的诗,两人商讨:"弟弟年纪这样轻,写得这样素净,不知好不好?"我心里反驳:"年纪不轻了,素净当然是好。"
>
> 但我知道他们的忧虑。大抵富家子弟,行文素净是不祥之兆,要出家做和尚的。③

---

① 木心:《战后嘉年华》,《鱼丽之宴》,广西师范大学出版社 2007 年版,125—126 页。
② 《文学回忆录》第七十九讲,1009 页。
③ 《文学回忆录》第四十九讲,630 页。

少年时的木心有点自以为是,对姊夫姊姊的评价不以为然,所写的东西没有风格还自认为有风格。木心是很迷信的,他后来当然没有当和尚,显然,木心认为这是后来找到了自己的写作风格摆脱了作品"素净"特征的缘故。

木心童年时期丧父,少年时期则失去了二姐姐孙飞霞,这对木心又是沉重的一击。飞霞出生于 1925 年,比木心大两岁,1939 年病逝,此时木心十三岁。木心和姐姐感情很深,他晚年回忆说:"我小姐姐十五岁病死了,我们很好,很谈得来,小姐姐很美,手、脚,长得像古希腊人……"①姐姐的病逝,木心悲痛欲绝:"二姐死后,家里没有人似的。"②

木心十五六岁时,发生了一件对木心的爱情观产生实质性影响的事情,这件事很可能也是木心终身不娶的重要原因之一。

> 我十五六岁时,至今犹不能不承认当时的钟情,我钟情于一对夫妇,男的是军官,女的是闺秀,男的肤色微黝而润泽,躯体道健,脸是罗马武士的所谓刀削似的风情。他的眉眼就是战争,他的笑靥就是战后的和平。女的恰好是顾长白皙,莹润如玉,目大而藏神,眉淡而入鬓,全城人都不住地惊叹她的柔嫩,我知道历史上有过美子被众人看死的事,真恨这么多的人不罢不休地谈论她,她要被谈死的。
>
> …………
>
> 一年后,他们带来了男孩。
>
> 三年后,那男孩的出奇的可爱,人人都看见了,人人都

---

① 《木心片断追忆》,《木心逝世三周年纪念专号》,178 页。
② 《号声》,《我纷纷的情欲》,146 页。

道从来不曾见过如此聪明美丽的孩子。……这孩子除了各种极美的笑容,他哭,他怨,他恼怒,他淘气,表情全都异样的魅人,尤其哭,即使涕泪滂沱,也是别具风韵,甚至使我想到"没有比他的哭相更好看的了"。

这一家三口的到来给木心带来了极大的心灵震撼与绝望。

这对夫妇来我家作客,我视同庆节,单单是他的低沉而甜美的嗓音和她的清脆婉转的语调,就使整个客厅又温馨又幽凉……(我)知道自己的爱是绝望的,甘心不求闻达,也无福获得酬偿。爱在心里,死在心里。

…………

半年好韶光,三五次的翩然莅临,是我少年时代的最佳回忆。我有一个乖戾的念头:如果这孩子面临灾祸,我可为之而舍身,自认我这一生那样也就完成了——这是一个被苦于无法表示的爱,折磨得嫉妒阴惨酷烈的少年的怪念头……

此事对木心的影响:

从来没有在别的孩子的脸上身上看见那军官儿子的美,所以我一直不喜欢小孩,我已经吻过世界上小孩中的杰出的一个,我不能爱不如他太多的孩子。后来我在热带爱过另一个与他不同类型的野性的男孩,那又是一回事了。

孩子病死,军官夫人淹死,军官不知所终。美好的事物逃不了造化的捉弄,留下的只有残忍、悲痛与惋惜!

那么,木心的这段叙述是真实的吗?毫无疑问是真实的,因为木心说:"此非传记,我不写出那军官一家三人的姓名。这不是小说,我免去了许多本也值得编纂的情节。更未可说是我的自白,我殡殓了当年更凄苦更焦灼的不可告人的隐衷——可惜,也真可惜。"①

木心今后的人生,虽然也有过不为我们所知的罗曼蒂克史,但从木心所有作品来看,他似乎在现实生活中再没有遇到过像军官夫人那样的优秀女性了。作为一个完美主义者,木心对自己的爱情对象是相当挑剔的,但少年时期"曾经沧海难为水"的先入之见,似乎始终束缚了木心的爱情抉择。

以上这件事发生在木心十五六岁时,其实,在这件事情之前,木心已经和湖州的一个女孩有一段柏拉图式的情愫,他在美国给陈丹青等人授课的时候曾说到过这件事。

我少年时有个文字交的朋友,通了五年信,没见面。她是湖州人,全家信基督。她的中学、大学,都是教会学校,每周通一信,谈《圣经》,她字迹秀雅,文句优美。……后来我们在苏州东吴大学见面,幻想破灭。再后来她转入南京神学院,信也不通了。《旧约》没有能使她爱我,《新约》没有能使我爱她。现在旧事重提,心里忽然悲伤了。毕竟我们曾在五年之中,写信、等信二百多次,一片诚心。……当时我十四岁,她十五岁,……现在如果她活着,已经是祖母级了,大概早已告别文学。②

木心的记忆出现了一点差错:两人见面时,木心十四岁,女

---

① 木心:《草色》,《爱默生家的恶客》,广西师大出版社 2013 年版,15—23 页。
② 《文学回忆录》第五讲,70—71 页。

孩十五岁,之前和这位女孩通信已有五年。也就是说,木心九岁的时候就和这位十岁的女孩通信,交流对《圣经》的看法。这有多大的可能性？果不其然,木心在另一次授课的时候纠正了两人"通信五年"的说法。

> 我少年时和一个女孩子通信,因为写写文章,爱慕,通了三年多,后来一见面,从此不来往了。三年柏拉图。一见,一塌糊涂。勉强地吃饭,散步,勉强地有个月亮照着。①

两人通信时间实则三年,非五年,木心是十一岁时和女孩开始通信的,这也相对符合木心少年时期的求学经历。因为见面后的感受与想象中的期待落差实在太大,这段进行了三年的交往无疾而终。

所以,对少年木心来说,他的朦胧的爱情经历可谓充满悲剧性:三年的期待换来的是无比失望,再遇军官夫人一家后又只能"爱在心里,死在心里",紧接着又是心中的偶像香消玉殒。木心的内心是悲苦的。

三、离开乌镇至新中国成立时的木心逸事钩沉

民国三十二年(1943),为报考杭州艺术专科学校,十七岁的木心出走乌镇,前往杭州。其实,在前往杭州之前,木心的心早已飞出乌镇这个狭小的地方,他要到更加广阔的世界去追寻自己的艺术理想。他的诗集《云雀叫了一整天》中《修船的声

---

① 《文学回忆录》第八十一讲,1034页。

音》就很好地表述了当时的想法:

  江南水乡,古老小镇

  运河对岸日日价修船

  船底朝天,很开心的样子

  大太阳下裸背的男子们

  又铲又敲打,空船起着共鸣

  大战已近末期

  新的生活用品又将多起来

  我是总归要出洋留学的

  家庭教师没有魄力为我说这个话

  我自己硬想,人要走就走得远

  我已知道柏拉图,柏拉图式的爱

  修船的敲打声一直在蛊惑我

  口诵着《公羊传》《战国策》

  心已随薰风飞向爱琴海、地中海

  由于在茅盾书屋看了太多西方名著和名人传记,木心意识到身处的乌镇的局限性。他在孙家大宅学习的主要是《公羊传》《战国策》这样的传统经典,但心已经飞向了"爱琴海、地中海"等西方文学发源地。所以,走出去成为他梦寐以求的事。《文学回忆录》中常可见他的苦恼:"小时候关在家里,天天祷告——不知向上帝还是释迦——放我出去吧,流浪,打工,打仗,都可以。冰心到过美国,高尔基嘛到处流浪,鲁迅去过日本,可是我在家里……"①"我年青时,把高尔基看做高山大海,特别羡慕他的流浪生活。我生在一个牢一样的家庭,流浪?那简直羡慕得发昏。"②

木心最终离开乌镇去了杭州,试图报考杭州艺术专科学校,但因为艺专尚未从西南地区迁回,木心只能居住在盐桥附近的蕻南书屋,开始了自己的艺术生涯。他在杭州的艺术活动主要是绘画,且自视甚高,但现实却给了他一击,使他认识到西方大艺术家作品的伟大:"我在杭州时临拉斐尔,开始信心十足,两个礼拜后认输——弄不过他,差远了。"③这也促使他在艺术追求之路上更加奋进。

身处杭州,游逛西湖是免不了要去的。虽然西湖比乌镇周边的河湖要大得多,但木心依旧对西湖没有什么感觉,"十七岁到杭州,我不喜欢西湖,胸中充满着崇高伟大的理想,最好是看到高山大海,悬崖峭壁,所以要听贝多芬,要读莱蒙托夫。"④

此时的杭州艺专尚在重庆。木心滞留杭州两年有余,直至1946年1月,杭州艺专仍旧没有迁回,上海美术专科学校登报招生,木心遂去报名,并以同等学力作为插班生考入该校三年制西洋画专修班一年级就读。

此时日本投降不久,抗战终于胜利,二战结束。上海美专学生木心的生活还是蛮惬意的,诗集《云雀叫了一整天》中《而我

---

① 《文学回忆录》第七十九讲,1010页。
② 《文学回忆录》第五十一讲,657页。
③ 《文学回忆录》第八十一讲,1034页。
④ 《文学回忆录》第五十讲,636页。

辈也曾有过青春》就记载了他的上海生活。

  二战结束后的上海街头

  充斥着美国的剩余军用物资

  高帮结带的皮靴

  是我一时之最爱

  小罐头的什锦起司

  冷吃热吃都要得

  巧克力,石硬,奇香

  咬嚼起来野蛮文明兼而有之

  试想,艺术学校天荒地老的宿舍里

  吃美国大兵剩下来的饲料

  读俄罗斯悲天悯人的长篇小说

  八年离乱熬过去了

  人躺着,两脚高搁床档上

  满脑子意大利文艺复兴法国印象派

  这便是我辈大言不惭的黑色青春

  能够尽情使用自己青睐的美国大兵留下的物资,阅读俄罗斯文豪的作品,想着世界艺术的征程与当时的流行艺术,还有什么比这更加舒适愉悦的呢？这就是木心曾经的上海生活的缩影之一。木心不仅阅读俄罗斯文豪的作品,有时还学习他们的生活与处世方式。托尔斯泰曾说:"忧来无方,窗外下雨,坐沙发,吃巧克力,读狄更斯,心情又会好起来,和世界妥协。"木心就曾模仿托尔斯泰说:"我年轻时期忧来无方,也用这老药方。你们现在都忙,没有空闲忧悒,如果谁落在忧悒中,不妨试试:沙发、巧克力、狄更斯。"①这里说的"年轻时期"究竟是什么时段,尚不清楚,估计是在上海求学期间。木心始终对大上海的过去生活念念不忘,就在于美专时代的学生生涯留给他的印象太深了。

杭州艺专此时重回杭州,身为上海美专学生的木心便经常在上海与杭州之间走动,并且与艺专的学生交往甚密,被艺专的很多学生称为"罗亭"。这是怎么回事呢?

《罗亭》是屠格涅夫的第一部长篇小说。"凡好思想、善词令、脱离实际、缺乏毅力者,都叫做'罗亭'。我也曾被艺专的学生叫做'罗亭',我心中暗笑,他们读不懂《罗亭》,不理解我,又辩不过我,拿这顶罗宋帽压过来,不过中国的知识分子和艺术学生,当年着实读了一点俄国书。"②在艺专学生的眼里,木心就是"好思想、善词令、脱离实际、缺乏毅力"的罗亭。这显然误解了木心。木心的艺术观非常超前,与艺专学生对艺术的看法完全不在一个层面,关于这个问题,木心在小说《此岸的克里斯多夫》中阐述得非常清楚。正因为对木心超前的艺术观点不认同,也无法理解,同学讥讽木心为追求艺术不切实际的罗亭是非常正常的,木心本人对此并不难过。

乌镇时期,木心非常推崇高尔基的作品和他的流浪生涯。但1947年前后,随着眼界的开阔与文学素养的提升,木心的思想又有变化。

> 1947年前后,当时中国社会气氛,颇似1905年的俄国革命失败后那一段。那时我喜欢的已不是高尔基,是安德

---

① 《文学回忆录》第四十讲,532页。
② 《文学回忆录》第五十讲,642页。

烈耶夫。……我做学生时,床头书架,竟都是这些人(注:安德烈耶夫、索洛古布、阿尔奇巴舍夫、萨温科夫等俄国作家)的书(1949年后都禁为反动作家)。①

高尔基的作品与罗曼·罗兰的作品有着相似性,即鼓吹、推崇年轻人的战斗豪情与奋斗激情,并且故事的结局往往是无往而不胜的。这样的作品对年轻人来说很具有激励作用,但缺少生活的深度与人性的深刻。木心对罗兰的作品也是先喜欢后排斥,这与他对高尔基作品的态度是一致的。木心之所以开始喜欢安德烈耶夫、索洛古布、阿尔奇巴舍夫、萨温科夫等俄国作家的作品,就在于他们"都用了自己的诚恳、天性,去思考,表现,怀疑,悲观,甚至暗杀"②。也就是说,人性的深刻构成了作品的深度,这样的作品,是经得起时间的考验的。

1948年,因为参加爱国学生运动,木心被上海美专勒令退学。9月,前去台湾,在台湾偶遇在嘉义中学教书的艺专同学席德进。刘道一曾说:"木心当年,1948年,他就到过嘉义,住在我后来上学的嘉义中学,前前后后有三个月,所以说木心、张爱玲都是跟台湾有那么一种缘分的。当时如果不是他母亲写信催他,坚决要他尽快回大陆,那木心也很可能就留在了台湾,走不了了,那他就也是这样类型的外省人:少年离乡,以文学为信仰。"③正因为母亲沈珍的催促,木心从台湾回大陆。经过台湾

---

① 《文学回忆录》第五十一讲,659—660页。
② 《文学回忆录》第五十一讲,660页。
③ 刘道一:《听杨泽谈木心——"文学往事"口述系列之二》,《木心逝世三周年纪念专号》,156页。

海峡时,木心看到非常壮观的一幕,并将这一幕比作拜伦。

  1948年我乘海船经台湾海峡,某日傍晚,暴雨过后,海上出现壮丽景色:三层云,一层在天边,不动,一层是晚霞,一层是下过雨的云,在桅杆飞掠——我说,这就是拜伦。

  而我当时的行李中,就带着拜伦诗集。①

新中国成立后的木心逸事

  1949年中华人民共和国成立,木心进入了新时代,他的人生经历、交友对象、思想以及文学艺术发展轨迹都发生了很大变化。在时代大潮中遭受长期迫害竟然成了木心人生非常重要的一个构成部分,关于木心遭受迫害之事,著者拟辟专章进行阐述;同时,新中国成立后木心与音乐家李梦熊的交往事迹,著者撰写的专文《从木心和李梦熊的交往见木心的文学观》也已阐述得非常清楚。撇开这两部分内容,新中国成立后的木心逸事仍旧非常丰富。有些新中国成立后的逸事往往与新中国成立之前的社会大潮有着千丝万缕的联系,所以,详论木心新中国成立后的逸事,也不能完全割舍新中国成立前的一些内容。

---

  ① 《文学回忆录》第三十九讲,515页。

一、新中国成立前的社会、文学及艺术形势对木心的影响

木心曾言:"1947年前后,当时中国社会气氛,颇似1905年的俄国革命失败后那一段。那时我喜欢读的已不是高尔基,是安德烈耶夫。……我做学生时,床头书架,竟都是这些人(注:指安德烈耶夫、索洛古布、阿尔齐巴舍夫和萨温科夫等人)的书(1949年后都禁为反动作家)。"应当说,这些人的著作对木心都产生过深刻的影响,这些著作都是木心心仪赞许的:"他们虽非大部头作家,但他们都用了自己的诚恳、天性,去思考,表现,怀疑,悲观,甚至暗杀。"显然,对于这些书及其作者在1949年后被列为禁书与反动作家,木心是持怀疑态度的。

再从整个文学、艺术的环境变化来看:

> 1949年前,上海艺术学院学生起劲地读着克里斯多夫、普希金、托尔斯泰,桌面上都压着这些人物的照片。到了解放军渡江,上海杭州一个接一个"解放"了,一解放,又纷纷去参军,他们自己以为"心路历程"顺理成章——顺文学之理,成革命之章——后来呢,克里斯多夫、普希金,统统放弃,极少数人还留恋,也留恋不了多久。我当时知道,非常难,共产主义不爱普希金的,不容克里斯多夫的,我要走的路,被截断了。怎么办呢,想了好久,决定退出文艺界,去搞工艺美术,不太积极,也不太落后,尽量随大流,保全自己——我看俄国那批人下场,太悲惨。

未来主义者,其实都带有虚无主义,革命是不容的,岂止不容,还要打击、根除。三十年代后,未来主义烟消云散。鲁迅先生说过,俄国的革命诗人,撞死在革命的纪念碑上。

当时同学中走我这条路的,找不到第二个,都去革命了。他们来看我:"木心,你还挂贝多芬像、达·芬奇像?你还挂这些!"

当时,这些都算是非问题,没有余地。①

新中国成立前后文学、艺术环境的变化可谓颠覆性的,就在木心身边,他的同学都一个接一个地改变了初衷,试图"顺文学之理,成革命之章",将之前对西方的文学、艺术追求看作是腐朽没落的行动。木心却本能地感觉到这种文学、艺术上的"左"倾倾向是没有前途的,是倒退的,是反文学反艺术的。为了自保,他退出文艺界,去搞工艺美术,随波逐流,但依然坚守艺术的本心,在墙上悬挂贝多芬、达·芬奇的像可谓明证。这引起了同学的疑惑与不解。

集体主义下的艺术不是真艺术,充其量只有现实价值,没有永恒价值。这是木心一直坚持的观点。就像木心所言"这些都算是非问题,没有余地",在这种艺术上非此即彼、你死我活的大环境下,悬挂贝多芬、达·芬奇等人的画像,稍不留意就会给自己带来灾难。木心这种不顾自身安危的举动,可见他对真正的艺术的沉迷达到了何种程度。在之后的历次运动中,他始终不放弃艺术,直至1982年以五十六岁高龄出走美国,这些,都是

---

① 《文学回忆录》第六十五讲,834—835页。

为了追求艺术。

寒冬中也有温暖,与词学大师夏承焘先生的交往就是使木心倍感暖心的事。此时是木心上海美专求学期间,他时常往返于沪杭之间,与夏承焘联系不断。"温州的夏承焘先生,号称近百年第一词家,浙江大学中国文学系教授。我们长谈、通信,他每次寄作品来,都写'木心仁兄指正',他快近六十岁,我当时才二十几岁。"①夏先生学识渊博,为人谦虚坦荡,对有才气有才华的年轻人善于提携,可谓爱才惜才。夏先生与木心的交往,使木心见识到了前辈学者的学术风范与做人的可贵品质。这都是木心无法忘怀的。

《文学回忆录》记载的木心在新中国成立前夕的事情不多,但从中可以看出这些事对木心的影响。艺术环境的改变,使木心看出在新的时代坚守艺术的初心是何等不易,之后他屡陷困境,但对于艺术痴心不改,这就显得更加可贵;人性的丑陋,使木心坚定得出文学艺术是无法改变国人思想的结论。学术长辈的关心、呵护与提携,使木心感受到一个艺术家应有的风范。这些,与木心遭遇厄运、在厄运中全身避祸以及之后他出走寻求艺术的新天地都有着一定的关联。

二、新中国成立后的木心逸事

1950 年,由于服膺法国大文豪福楼拜,二十三岁的木心生

---

① 《文学回忆录》第二十三讲,278 页。

活开始发生改变。木心曾言：

> 1950年，我二十三岁，正式投到福楼拜门下。……那年，我退还了杭州教师的聘书（当时还是聘书制），上莫干山。这是在听福楼拜的话呀，他说：
>
> "如果你以艺术决定一生，你就不能像普通人那样生活了。"
>
> 当时我在杭州第一高中执教，待遇相当不错，免费住的房间很大，后门一开就是游泳池。学生爱戴我，其中的精英分子真诚热情。初解放能得到这份位置，很好的，但这就是"常人的生活"，温暖、安定、丰富，于我的艺术有害，我不要，换做凄清、孤独、单调的生活。我雇人挑了书、电唱机、画画工具，走上莫干山。那时上山没有公交的。
>
> 头几天还新鲜，后来就关起来读书写书。书桌上贴着字条，是福楼拜说的话："艺术广大已极，足以占有一个人。"①

同样的意思的话，木心在另外的场合也说。

> 我接受福楼拜的艺术观、艺术方法，是在二十三岁。当时已厌倦罗曼·罗兰。一看福楼拜，心想：舅舅来了。我到莫干山时，读的是福楼拜、尼采，由挑夫挑上山。……我当年的枕边书是《红楼梦》。……把警句写在案头床边，俗。但我年青时曾将福楼拜的话写在墙壁上：艺术广大已极，足可占有一个人。②

---

① 《文学回忆录》之《最后一课》，1076—1077页。
② 《文学回忆录》第四十四讲，572—574页。

对于上莫干山的举动,木心后来在《同情中断录》中解释说:"五十年后自己回顾前尘,也代人回顾,清楚看到,人生事业的成败,第一因就在于'择场',选择适合你发展的场地,但当时年纪轻轻,何能远瞩高瞻,那得靠与生俱来的本能,小海龟脱出蛋壳即往海水爬去。"将自己上莫干山的举动看作是追求艺术的"与生俱来的本能",艺术是适合自己发展的场地。可以断言,走上莫干山的那一天,就是木心以实质性的行动矢志追求艺术的开始。

同样在1950年,二十三岁的木心还遇到了另外一件事。他曾说:"我记得我二十三岁时,一个基督徒同学与我常常彻夜谈,我说:其实没有宗教,只有哲学。那同学第二天说:我差点失去信仰。说明她会想,我当时居然也这么说了。"没有宗教,只有哲学,是木心当时的观点,并且这一观点打动了那位同学。木心后来在美国给陈丹青等人授课的时候,他的想法又发生了改变:"四十年过去了,我又想说——其实没有哲学,只有艺术。"①这标志着木心艺术思想的逐步成熟。贝多芬曾说:"艺术家高于帝王。"尼采也认为艺术高于一切,这些都深得木心之心,与木心"没有哲学,只有艺术"的看法有异曲同工之妙。

1951年上半年,为生计所迫,二十四岁的木心离开莫干山,到上海江湾闯荡谋生,之后一直到1982年前往美国,木心的生活轨迹主要就在上海。上海故事就构成了木心生活轨迹非常重要的一部分。

---

① 《文学回忆录》第七十四讲,946页。

就在到达上海的当年,木心曾步杜甫七言律诗《咏怀古迹》之韵作诗一首:

飘泊春秋不自悲,山川造化非吾师。
花开龙冈谈兵日,月落蚕房作史时。
萧瑟中道多文藻,荣华晚代乏情思。
踪迹渐灭瑶台路,仙人不指凡人疑。

木心言:"这个中国诗人写这首诗时,二十四岁,诗境已开拓为尼采型的自强者了。"①这起码能够说明,木心二十四岁时,对尼采的思想已经有了一定的领悟,他二十三岁时在莫干山上读尼采,尼采对他终身产生影响应当就是这个时候开始的。

1951年秋天开始,木心任教于上海浦东高桥育民中学,兼任美术和音乐老师。当年他在杭州第一高级中学任职时的很多学生,听说老师在上海,寒假暑假都纷纷前来看望。于是,就发生了一件趣事。

五十年代我在上海浦东高桥教书,寒暑假总有杭州来的学生住我家,伙食包在一家小饭馆。饭馆老板娘阴一套阳一套,我们吃足了亏,我就说,这是饭馆里的麦克白夫人。大家哗然大笑……②

麦克白夫人是莎士比亚剧作《麦克白》中的人物。木心对莎士比亚的剧作极其推崇,据他自己所说,莎剧每部他都看了五十遍以上。将剧中人物信手拈来比照现实中的人物,形象且生动,可从中窥见木心对莎剧的娴熟。

---

① 《文学回忆录》第二十三讲,278页。
② 《文学回忆录》第三十一讲,393—394页。

就读于上海美专时的木心

从 1956 年开始,木心先后三次遭受迫害,全部发生在上海。对于上海往事,木心往往讳莫如深。2020 年,铁戈的《木心上海往事》出版,才揭开了木心上海往事的尘封一角。但有些与木心有关的小事,该书没有记录。

1957 年,木心进入上海美术模型厂工作,主要从事展览会的设计,与厂里的工人打交道必不可少,他发现了生活中的一些趣事。

> 我在上海时,厂里有个青年,滥吃滥用,穷,大冷天穿单裤。厂领导看不过去,给了补助金,他领了钱一路吃喝,照样穿单裤上班。领导训他,棉裤买来了,穿上了,穿到春天,给他扔在垃圾箱里,夏天露出满是老垢的脖子,人劝他洗洗吧,他说:"管我什么鸟事。"

这种自暴自弃、不可救药的小人物,后来成了木心给陈丹青等人授课时的素材。木心对此发表议论说:"现代人不是从前的人的子孙。现代人,自己的事情也不肯管,是一种异化,又太自私,更是一种异化。""这是中国式的存在主义,倒是真的荒谬的。"[①]

对于中国人遇事随大流没有自我主见的特性,木心看得也很通透。

> 年青时在上海,新得了一位朋友,品貌智力都很好。某日谈到上海人无聊,半点小事就引一堆路人围观。正说着,对面马路霎时聚集十多人议论什么事,那朋友急步过去看

---

① 《文学回忆录》第七十四讲,941 页。

究竟,我就在路边等,等,这真叫孤独,又不好意思就此走掉,呆等了好久,他才兴尽而归。现在还是这样,我老被人扔在路边——这条路,叫做艺术之路——我老了,实在比较好的朋友,可以等等,等他从彼岸兴奋归来。普通朋友呢,不等了,走了。骂我不讲义气,独自溜了?这种顾虑似乎不必要。新的情况是,跑去看热闹的人,就此消失在热闹中,不回来了,所以大大减少了等的必要。

木心给陈丹青等人授课的时候举出这个例子,意在说明艺术是高雅的,人生则往往是庸俗的。随波逐流往往能够获得实利,却与艺术不相容。追求艺术,是需要牺牲的,脱离随大流的庸众生活,是艺术成熟的途径之一。"艺术本来也只是一个梦,不过比权势的梦、财富的梦、情欲的梦,更美一些,更持久一些。艺术,是个最好的梦。"①

1958年,木心曾短暂离开过上海,前往北京与洛阳。据夏春锦《木心考索》记载:"一九五八年至一九五九年,木心多数时间待在北京。其中一九五八年秋、冬间,在北京参加第二届全国农业展览会的设计工作,该年又作为设计师带队留在北京参与十大建筑的室内设计,向国庆十周年献礼。一九五九年大半年都在北京参加第三届全国农业展览会的设计。"②木心曾提到过这段日子:"早年我在北京设计展览会,喜欢一个人逛天桥,去东安市场听曲艺相声,在东直门外西直门外的小酒店,和下层人

---

① 《文学回忆录》之《最后一课》,1079页。
② 夏春锦:《木心考索》,浙江古籍出版社2019年版,12页。

物喝酒抽烟聊天。他们身上有墨子的味道,零零碎碎的墨子。"①

此外,木心1958、1959年曾两次去过洛阳:"三十三年前(作者注:1958年)我到访洛阳,夏季,河南一带赤风刮地黄尘蔽空,真不敢相信要建都于这种地方,我的意思是黄河流域的天时确是大变了。后来回江南与朋友谈起,他说:'洛中何郁郁。'公元200年之际洛阳是草木葱茏,非常宜人的。我笑道:'郁郁'是指人文荟萃,不过一千七百多年前那边的气候,大概和现在的杭嘉湖差不多。……越明年(作者注:1959年),我又去河南,在洛阳市内走了一天,睡了一宵,满目民房、商店、工厂……油油荒荒,什么伽蓝名园的遗迹也没有……"②

1959年,木心开始写意识流散文。"1959年国庆十周年时,我在家自己写意识流的东西。不用在小说上,用散文。"③陈丹青也说:"五十年代末,国庆十周年夜,他躲在家偷学意识流写作(时年三十二岁)。"④木心很可能是中国大陆最早写意识流散文的作家。他说:"我在上海时,有厂里的小伙子推荐《第二十二条军规》给我看,告诉我说,还有意识流小说,王蒙不得了,写意识流小说——回想起来很有趣。"⑤从这段话来看,王蒙写意

---

① 《文学回忆录》第十五讲,195页。
② 木心:《洛阳伽蓝赋》之《后记》,《巴珑》,广西师范大学出版社2013年版,173—174页。此文写于1991年,木心在文中说"三十三年前",显然指1958年,"越明年"当指1959年。
③ 《文学回忆录》第六十三讲,810页。
④ 《文学回忆录》之《后记》,1097页。
⑤ 《文学回忆录》第八十一讲,1034页。

识流小说在中国大陆应当是最早的一批,但究竟是什么时候,没有交代。木心与王蒙不同,他用意识流手法来写散文,说他是大陆最早的意识流散文作家,当无异议。

此外,20世纪30年代末、40年代初兴起于法国的存在主义文学思潮此时也开始进入中国大陆,但由于国内"左"倾思潮的影响,存在主义文学思潮处于半隐蔽状态。木心说:"中国,七八十年代有一群青年人偷偷在讲存在主义,很信服,硬把我也拉进去,我说,我不是。"①木心的这段话透露了多层意思:

其一,年轻人"偷偷在讲存在主义"而不敢公开,说明"十年动乱"的淫威仍在。

其二,年轻人很信服存在主义文学思潮,其实就是推崇存在主义代表作家萨特,而木心却认为萨特是朝秦暮楚的"思想家",这在《文学回忆录》里说得非常清楚,"我看不起那些朝秦暮楚的'思想家',更看不起那些秦楚不分,或在秦楚之间乱攀关系的人。"②

其三,木心一直反对文学中的"主义","一入主义,便无足观"便是他一直秉持的观点。他不愿意加入"存在主义"的队伍可谓另一个明证。古人从没有什么"主义",照样诞生光照千古的作品。

木心还说:"孔子标榜'述而不作'。他很滑头,他自己不创作。我年青时刻一章,唱反调:'作而不述'。"③"刻章"这件毫

---

① 《文学回忆录》第七十讲,888页。
② 《文学回忆录》第七十一讲,911—912页。
③ 《文学回忆录》第十二讲,150页。

不起眼的逸事既然说是"年青时",年代不详,但在木心出国之前无疑义。

"文革"期间,木心遭受迫害,但含辱隐忍韬光养晦,就像他自己所说:"海涅是艺术之子,叶赛宁是大自然之子。与他们相比,我当时是拼命读书、观察,一声不能响。他们还能叫叫,不过他们很快就死了,我活下来。"①这是木心在"文革"时期全身避祸的态度。木心在"文革"期间受尽折磨,关于这方面的情况,已经有很多人作过探索,而以铁戈的《木心上海往事》叙述得最为齐备详尽。著者在这里添加一件木心卖书之事。

木心曾买到英文版的勃朗宁诗集,对此非常珍爱,但是,"'文革'中穷极,拿到上海旧书店卖。老板懂,看后说:'他的诗没人要,他太太的我要,你有吗?'我只好将书抱回,一路上想:'他要他老婆的,他要他老婆的。'"②勃朗宁诗集在"文革"期间无疑是禁书,旧书店老板不愿意要,恐怕并非禁书之故,否则老板也不可能愿意要勃朗宁夫人的诗集,勃朗宁夫人的诗集在当时无疑也是禁书。这件事说明,即便像"文革"这样的高压,也压制不住上海一些热爱西方文学的读者的热情。

"十年浩劫"终于结束,社会也开始走上正轨,全国逐渐出现欣欣向荣的景象。即便如此,木心依旧认为在中国要想产生具有世界影响的文学、艺术的可能性不大,同样,中国也不会产生具有世界影响的天才。对于中国的文学、艺术环境,木心仍旧是悲观的,这可从他在上海经历的一件事以及他对这件事的评

---

① 《文学回忆录》第六十九讲,884—885页。
② 《文学回忆录》第四十讲,528页。

价看出来。

在上海时,四川中路,逛旧书店,瞥见一个十四五岁的女子,倚着木架专心地读线装书。时为"浩劫"之后,姑娘能对古籍有兴趣,不由得使我偷看那是本什么阿物儿——《王船山文集》。记得当时我是有一种晕浪的感觉,理解、想象、判断三种力都用不上,她是真读还是假读?便站定,随手取本什么,佯装我也旁若无人,姑娘当然不知身边有了侦探,她一页阅完翻一页,勿慢勿紧,可见是字字行行进行着的。上海是个海,沧海遗珠向来是有的,那是指老辈,所谓旧社会过来者。这位姑娘,即使是此类遗珠的苗裔,从识字起,正好遇上"浩劫",十年中,谁教她读古书。这还不怪,怪的是十四五岁的女孩,对这位以汉学为门户,以宋五子为堂奥的王夫子发生求知欲。我进而斜睨,赫然《大学衍》,即是力辟阳明致良知之说以羽翼朱子的那本相当执拗的东西——我无法再求证什么,惘然踱出书店,在虹口区市场买些日用品,吃点心,疲倦提示,可以回家了,又经过旧书店,隔着玻璃门,姑娘依然站在那个架下,也许换了《中庸衍》。反正我彻底自认笨伯,无论如何解说不清,一个在"文革"中长大的女孩,为何要读《王船山》。但是我不致失控到凭这怪现象,便认为中国文化源流不断后继有人,一个十四五岁的姑娘耽阅"王夫之",没有说明什么,《帕斯卡尔思想录》有了中文全译本,没有说明什么,这种书在纽约唐人街有人买,卖得只剩一本,没有说明什么。爱默生所乐道所自慰的"底层的精神主流",在西方,容或可信,在中国,并无这样的集体潜意识。……

　　你企望中国近代文学能出大宗师。我是从来没有期待过。……譬如说,那个站在上海四川中路旧书店僻角的姑娘,十四五岁读《王船山文集》,现在大概也在读《帕斯卡尔思想录》,她会不会成为一代宗师呢,我想不会的。我们至多看到怪现象,看不到奇迹。①

"文革"结束后,为了追求新的文学艺术成就,1982年,五十六岁的木心决定出走美国并付诸实施。"我刚飞临美国,旧金山,看下去——这个国家好年轻!后来在曼哈顿俯瞰大楼群,那么阳刚,像小伙子,粗鲁,无知,但是阳刚。这里的狗、鸽子、松鼠,都容光焕发。"②这是木心对美国的第一印象,似乎意味着这里就是他在文学、艺术上重获新生的地方。

美国对木心有着特别的意义。这是木心写作起飞的地方,在这里,通过作品的发表与出版,木心开始享誉西方、台湾地区,其影响逐渐波及中国大陆。陈丹青曾对木心的文学创作历程作出总结:"五十年代末,国庆十周年夜,他躲在家偷学意识流写作(时年三十二岁);六十年代'文革'前夕,他与李梦熊彻夜谈论叶慈、艾略特、斯宾格勒、普鲁斯特、阿赫玛托娃;七十年代他被单独囚禁时,偷偷书写文学书稿,我亲眼看过,惊怵不已:正反面全部写满,字迹小如米粒;八十年代末,木心年逾花甲,生存焦虑远甚于流落异国的壮年人,可他讲了五年文学课——我们交付的那点可怜的学费啊——九十年代,他承诺了自己青年时代

---

① 《寄白色平原》,《即兴判断》,79—83页。
② 《文学回忆录》第七十九讲,1010页。

的妄想,满心狂喜,写成《诗经演》三百多首;新世纪,每回走去看他,他总引我到小阳台桌边,给我看那些毫无用处的新写的诗。"①木心的文学创作历程可谓异常艰辛。没有对文学、艺术的真正热爱,是不可能坚持下来的。如今的木心已经是享誉世界的著名作家,这算是对他文学艺术成就的肯定与赞誉。

木心在美国的逸事,已经被很多学者挖掘过了。这里主要补充几条很不起眼的内容。

1. 到美国买的第一本书。"我到美国买的第一本书,是爱默生。张爱玲译的。我喜欢这本书。"②

2. 每年都祭奠爱伦·坡。"每年他的祭日,总有一个黑衣黑帽男人到他墓前献花,十数年不断。"③这很可能是木心撰写小说《温莎墓园日记》的由头与启示。

3. 和郭松棻谈论19世纪法国诗人戈蒂埃。

有一次我和郭松棻谈天,不知怎么一转,转到戈蒂埃,二人对答如流,旁边一位王鼎钧先生是台湾资深老作家,他惊骇道:"你们怎么读过这种书,我连知也不知道。"

木心曾评价戈蒂埃:"我三十岁之前与戈蒂埃好好打过一番交道:那时我要当个纯粹的艺术家(现在不纯粹了,关心政治、历史、杂七杂八),戈蒂埃说他喜欢鲜花、黄金、大理石,他不在乎酒,而在乎酒瓶的形式,又说:'耶稣并不是为我而来到世

---

① 《文学回忆录》之《后记》,1097页。
② 《文学回忆录》第五十五讲,715页。
③ 《文学回忆录》第五十五讲,709页。

界。'单是这些,我就跟他合得来。"①

4. 对国内亲友态度的决绝。

> 我回去,不写信。没有消息,等于死了。

> 我出国,亲朋一封信也不写。这种做法,艺术家也很少,我不写信,两个字:决绝。

> 这是尼采的态度。和瓦格纳断了,再也不可能续。我把这个决绝,当做一种力量。

> 近人情,近什么人?做一个真正的艺术家,靠的就是决绝。嵇康,决绝的大师。老子、耶稣、贝多芬,都决绝。②

在另一个场合,木心也说出了自己来美国后的决绝。

> 我平时的所思所想所言,都是审美的,只能放弃义务责任,我出国,五个外甥,一个也不写信。人家出国,急忙给家里写信。③

与人世决绝,与亲戚决绝,是成为艺术家的苛刻条件。木心做到了。这种自我压制式的苛刻,非常人所能做到,木心能做到这一点,一方面说明他对艺术的由衷热爱,另一方面也说明他的成功不是偶然而是必然的。

5. 观看智利导演米格尔·利廷的智利历险记。

> 我在某次车程中阅完这本电影导演历险记(注:指被军事独裁政府绝对禁止返回故土的智利导演米格尔·利廷于1985年初以秘密手段潜入智利六个星期,拍摄七千多米

---

① 《文学回忆录》第四十六讲,595—596页。
② 《文学回忆录》第七十六讲,973—974页。
③ 《文学回忆录》第七十讲,890页。

长的影片,实录了军事独裁统治之后的智利真面目的一部两小时长的电影),像我这把年纪的中国男人,很熟悉此种黑色浪漫,不过中国的情况总是比较窝囊,凡有黑色浪漫难免黏黏糊糊,至今缠夹不清而且将会大缠大夹血肉横飞。①

6. 喜欢高烧状态下写作。

木心说:"我喜欢发高烧四十度写作。发热发到不倒下,好开心。"②这大概是艺术家异于常人的地方吧。

2006年,受家乡乌镇之邀,木心来乌镇安享晚年,直至离世。关于木心在乌镇的逸事,桐乡地方学者已经做了深入挖掘,此处不再赘述。

木心逸文探析与辑录

一

以出版的形式问世的木心文学作品如下。

散文集:《琼美卡随想录》《散文一集》《即兴判断》《素履之往》《马拉格计划》《鱼丽之宴》《同情中断录》《哥伦比亚的倒影》《爱默生家的恶客》

---

① 木心:《巴珑》,广西师大出版社2013年版,195页。
② 《文学回忆录》第七十六讲,971页。

诗集:《西班牙三棵树》《巴珑》《会吾中》《我纷纷的情欲》《云雀叫了一整天》《诗经演》

小说集:《温莎墓园日记》

但木心生前创作的文学作品,绝不止以上这些集子。从数量上来说,木心作品的绝大多数——合计有近千万字——都在"文革"中被抄没销毁了,这是无比可惜的事情。木心自言:"从十四岁写到二十二岁,近十年,假如我明哲,就该'绝笔',可我痴心一片,仍是埋头苦写。结集呢?结了,到六十年代'浩劫'前夕正好二十本。读者呢,与施耐庵生前差不多,约十人。出版吗?二十集手抄精装本全被没收了。"①木心在"文革"前或1982年出国前创作的文学作品,绝大多数虽然已经散佚,但从其传世的文学作品以及给陈丹青等人授课的《文学回忆录》中依稀可见散佚之作的只言片语或内容梗概,真可谓吉光片羽,弥足珍贵。

二

木心有哪些作品散佚了?关于这个问题,巫鸿先生曾做过统计。

木心的第一部严肃著作是长篇论文《哈姆雷特泛论》,是1949年22岁时完成的。那篇论文,以及他在20世纪50和60年代所写的许多文章、长短篇小说和诗歌都从来没有

---

① 蒋方舟:《木心:原来你们什么都不知道啊》,《木心逝世两周年纪念专号:〈温故〉特辑》,53页。

发表过。按照木心自己的说法,这些装订成二十大册的手稿在"文革"初期被没收销毁,读过它们的不足10人。具体清单如下,从中我们仍旧可以看出木心"百科全书"式的眼界:

论文:《哈姆雷特泛论》、《伊卡洛斯诠注》、《奥菲斯精义》《伽米克里斯兄弟们》(九篇集)

小说:《临街的窗子》《婚假》《夏狄的赦免》《危险房屋》《石佛》《克里米雅之行》《伐哀尔独唱音乐会》《罗尔和罗阿》《木筏上的小屋》

散文:《凡伦街十五号》(百篇集)

诗:《如烟之姿》(长诗)、《非商籁体的十四行诗》(百首集)、《蛋白质论》(短诗集)、《十字架之半》(短诗集)

剧本:《进来吧,主角》

旧体诗词:《玉山赢寒楼烬余录》①

以上散佚的作品,有的木心曾作过说明,如《凡伦街十五号》:"我写过一百个短篇的小说集《凡伦街十五号》,烧毁了,但至少练习过,写二三百个普通人。"②可见《泛论街十五号》主要是由 100 篇短篇小说构成的小说集(巫鸿误为散文集),内容主要写"二三百个普通人",但小说的具体情节就不得而知了;再如《伊卡洛斯诠释》(巫鸿误作《伊卡洛斯诠注》),木心言:"我曾把《沉钟》的主角列为'超人',写入我的论文《伊卡洛斯诠

---

① 巫鸿:《读木心:没有乡愿的流亡者》,《木心逝世三周年纪念专号》,111—112 页。
② 《文学回忆录》第八十一讲,1031 页。

释》。"《沉钟》是德国作家豪普特曼(1862—1946)象征主义巨著,"主角海因里希是一位铸钟匠,年轻美貌,独立铸成巨大的铜钟,设法运到高山顶上,中途受挫,巨钟沉入海底,海因里希随之殉身,变成海底阴魂,每撞其撞,而世人不闻。"①可见《伊卡洛斯诠释》的内容之一就是关于"超人"海因里希事迹的。木心又曾言:"我曾为文,将尼采、托尔斯泰、拜伦,都列入飞出的伊卡洛斯。"②这里所说"为文",很可能就是撰写《伊卡洛斯诠释》,尼采、托尔斯泰、拜伦等人的事迹,都是该文的重要内容。

有些作品,木心曾经构思过,但始终没有问世。这在木心的作品中常常得以流露。

1."很早,快四十年前,我就想写一本书,书名是《巴比伦语言学》。怎么写呢?一直在想。最近想出来了;写三千俳句(已经写成两千),这些俳句,就是这本大散文的蓝本。"③

2."我一直崇拜他(注:哈代),将来可能写一篇哈代的论文。瓦莱里写过《波德莱尔的位置》,名字多好。我也要写《哈代的位置》。"④

3."将来回国,想写两篇论文:《鲁迅论》、《曹雪芹论》。"⑤

4."我倒想成一本书,书名:《莱辛的危险》。"⑥

---

① 《文学回忆录》第四十九讲,626 页。
② 《文学回忆录》第二讲,32 页。
③ 《文学回忆录》第八十二讲,1046 页。
④ 《文学回忆录》第四十一讲,541 页。
⑤ 《文学回忆录》第三十八讲,505 页。
⑥ 《文学回忆录》第三十六讲,472 页。

5."我二十三岁时,想论《哈姆雷特》,也要论《堂吉诃德》。"①

以上提到的《巴比伦语言学》《哈代的位置》《鲁迅论》《曹雪芹论》《莱辛的危险》《哈姆雷特》与《堂吉诃德》等一系列文章,都在木心的撰写计划之内,但由于种种原因,都没有完成;尤其《巴比伦语言学》,都已经写成两千俳句,完成了原计划三千俳句中的三分之二,但最终还是半途夭折,没有问世。

还有一些散佚的木心作品,巫鸿先生并没有统计到,倒是木心自己曾说起过:

1.《火车弥撒》

木心曾说:"我曾经写过一首长诗,题名《火车弥撒》,就为悼念马雅可夫斯基。借他的例,写党与艺术的矛盾。诗稿还在,但问题不再新鲜,没多大意义,作废了。"②

2.《哈罗德二世》

木心说:"我少年时得了这本《哈罗德游记》,屈原的《离骚》《九歌》就搁一边了。今年春天的那几天,我还用'哈罗德二世'的题名,写了一首诗。"③

3.《浮士德的哈欠》

木心曾言:"前年初春(1989年),我忽然记起歌德和海涅的旧事,写了一篇《浮士德的哈欠》。"但是,"太难写了,吃力不

---

① 《文学回忆录》第三十一讲,388页。
② 《文学回忆录》第六十五讲,838页。
③ 《文学回忆录》第三十九讲,512页。

讨好。"①

　　这些作品,都是木心写过的;有些木心还指出了具体内容,像《火车弥撒》是为了悼念马雅可夫斯基,谈的是"党与艺术的矛盾",但这些作品,惜乎无存。

　　还有一些作品,木心曾谈到过部分内容或情节梗概,但标题不详:

　　1. 木心谈席勒,"他身体差,精神旺,最后边吐血边写作","我专题写过一篇席勒死前的痛苦,写精神强、肉体弱"的悲剧。

　　　　他知道飞去哪里,但羽毛散落了,从云间跌下来。②

　　2. 在讲解现代文学"荒诞"特征的时候,木心说自己曾写过一个"荒诞剧"。

　　　　六十年代我曾写过一个剧本:一男一女结婚,亲友送许多家具,婚后,又总是拣便宜的家具买进。三幕之后,台上全是家具,丈夫回家,门口叫一声,妻子从台角曲曲折折绕转弯身好半天才能投入丈夫的怀抱。最后一幕,把所有家具都卖了,剩一棵圣诞树。③

　　3. 木心曾说:

　　　　我在一首诗中说,现代的智者,都是自己要假装自杀,要世界作陪葬。这些批评家、观者,都是假装要殉葬,作者呢,假装要自杀——都没有死。

　　"现代的智者……都没有死。"这是木心某一首诗的内容概

---

① 《文学回忆录》第三十七讲,480、477页。
② 《文学回忆录》第三十七讲,481—482页。
③ 《文学回忆录》第五十九讲,762页。

括,不是诗的原文。至于这是哪首诗中出现的内容,木心没有明说,著者无从查考。诗的主要内容是批判荒诞派作家"矫揉造作"、夸大其词,"这就构成现代艺术的景观,他们在舞台上把世界写得一片黑暗,他们自己生活得很好——这里有欺骗性"①。

以上散佚的木心作品,在现今出版的种种木心作品集或《文学回忆录》中尚可窥其踪影,许多散佚的作品都超出了巫鸿先生的统计范围,从中也可看出木心散佚的作品数量是很惊人的。遗憾的是,随着木心辞世,这些作品再也没有重见天日的机会了。

三

遗憾之中也有欣喜。木心的作品虽然大多散佚,但在其出版的种种作品集中,依然保留了逸文的一鳞半爪。这些逸文,木心往往以"我曾言""我有俳句""我曾经写过"等形式呈现出来,说明这些逸文的确是木心曾经写过的作品中的句子,或者是曾经的生活感悟。就体裁而言,这些如同散落四壁的珍珠一样的逸文是多样的:有近体诗(《诗经演》是木心模仿《诗经》所作的古体诗,以集子的形式出版,故不在本文的统计之列)、现代诗,其中现代诗又以俳句为主;而这些俳句,往往展现木心对文学观念和人世百态的看法,从中可见木心丰富的内心世界。

---

① 《文学回忆录》第七十八讲,996页。

(一)近体诗

近体诗主要分律诗和绝句两种。近体诗在木心的作品中不占主要地位,但从中可见木心深厚的古典文学素养与他高超的写作技巧。就内容而言,这些近体诗也是丰富多样的。

1. 抗战时期,木心在家乡,"日本轰炸机在头上盘旋",先生要木心写一首"忧国伤时"的诗,木心写成一首七绝,三、四两句是:

大厦将倾凭擎柱,将何良法挽神州。①

这两句写出了少年木心对国家命运的担忧。"大厦将倾"即日本侵华造成的国家面临危亡的局面,"擎柱"即挽救国家于危亡的杰出人士;即便抗日救亡之士可以有所作为,木心还是沉痛质问"将何良法挽神州"。这反映出少年木心对国家命运担忧的同时,又无法提供清晰的策略,很符合少年的心态情志。

2. 1982年初秋,木心离开上海前往美国,朋侪送行到机场,木心赋诗为别,诗曰:

沧海蓝田共烟霞,珠玉冷暖在谁家。

金人莫论兴衰事,铜仙惯乘来去车。

孤艇酒酣焚经典,高枝月明判凤鸦。

蓬莱枯死三千树,为君重满碧桃花。②

解读这首佚诗,恐怕不是著者的学识所能胜任的。但从中

---

① 《海峡传声——答台湾〈联合文学〉编者问》,《鱼丽之宴》,25页。

② 《迟迟告白——一九八三——一九九八年航程纪要》,《鱼丽之宴》,100页。

尚可看出一些思想:"珠玉冷暖在谁家"表明了木心对前来送行的朋友的感激,冷暖自知;"孤艇酒酣焚经典,高枝月明判凤鸦",表明自己暂时与传统经典分别("焚经典"),去异国他乡寻找另一番文学艺术天地,并且相信自己出走的举动是正确的,而且能够获得成功,自己在学识上将会与之前判若两人("判凤鸦");"为君重满碧桃花"是对异日重逢的期待以及相信重逢时朋友们会看到一个思想境界与学识成就与之前完全不同的木心。

3. 木心《西班牙三棵树》三辑第三篇①有这样一首诗:

此心耿耿欲何之,谢家屐痕懒寻思。
钱塘有潮不闻声,雷峰无塔何题诗?
大我小我皆是我,文痴武痴一样痴。
龙吟虎啸客堂外,骚人冷暖各自知。

木心言:"从前四六骈俪,'落霞与孤鹜齐飞,秋水共长天一色'是也。从前考试,一定要考这。见功夫,很难。我曾有对句:'钱塘有潮不闻声,雷峰无塔何题诗?'"②可见此句、此诗是木心曾经所写的骈俪之体。

4. 木心二十四岁时步杜甫《咏怀古迹》之韵的一首七言律诗。

飘泊春秋不自悲,山川造化非吾师。
花开龙冈谈兵日,月落蚕房作史时。
萧瑟中道多文藻,荣华晚代乏情思。

---

① 木心:《西班牙三棵树》,广西师大出版社 2015 年版,131 页。
② 《文学回忆录》第五十六讲,724 页。

踪迹渐灭瑶台路,仙人不指凡人疑。①

此诗争议较大。曾在网上看到有人对此诗大加挞伐。网名"猎影牧文"的新浪博客《看木心糟糕的古体诗》将木心此诗贬为"如此四六不通"。丁孝森的博客《木心再匡谬》嘲讽木心:"您对格律,果然一窍不通。情思的思,是名词,是仄声,不能作韵脚的。"这里都是抓住木心此诗格律气韵的"毛病"而出言不逊。

其实,木心在太多的场合说过诗歌押韵的弊病:"我的看法是,古人协韵是天然自成,到了沈约他们,用理性来分析,其实便宜了二流三流角色。对一流诗人,实在没有必要。""纵观中国诗传统,有太多的诗人一生为了押韵,成了匠人,互相赞赏,以为不得了,这是很滑稽的。"②那些抓住木心近体诗不押韵的"弊病"而对木心大肆攻击的人,恐怕就是木心所说的"二流三流角色"、很滑稽的"匠人"吧。木心也不否认押韵的好处,他曾说过:"诗,格律严谨,有流弊。好处是深谙格律后,任何事皆可入诗:交际、文告、通信,连判决也能以诗出——更不必说抒情诗。"木心认为如果恪守诗歌的格律而不知变通,这是诗歌的流弊;一旦深谙格律,生活中任何事物皆可以诗歌的形式呈现出来。木心认为生活中的诗一定要以"深谙格律"为基础,但未必非得恪守格律,关键是看有没有诗的味道。以上木心的七言律诗有没有诗的味道,读者自可判断。"我反对用韵。反对用韵,

---

① 《文学回忆录》第二十三讲,278页。
② 《文学回忆录》第二十一讲,255页。

用起来就好。"①更是直接指出了木心诗歌不守音韵的理由,而非木心不懂诗歌的韵律。那些认为木心不懂近体诗韵律而对木心大加挞伐的做法何止可笑,简直荒谬。木心又说:"自由诗比格律诗更难写,所以我写自由诗。'自由诗'这名称是有问题的。如果有人问我:'你写格律诗呢,还是自由诗?'我会答:'我不写格律诗,也不写自由诗,我写诗。'"②既然木心认为自由诗比格律诗更难写,深谙自由诗的木心焉能不知道格律诗的格律?可见木心是用自由诗的特点来要求格律诗的:不过分追求格律,但追求诗的韵味与内涵。③ 对严格恪守作诗方法而不敢越雷池半步的做法,木心是不赞同的,恪守韵律不敢变通自然也包括其中:"曾用过的诗的材料、方法,我看都不是好材料、好方法。这个感觉我早就有,但不能公开说,说了,要被囚进疯人院。"④恪守韵律不变通,当然就是木心所说的"不是好方法"。木心的确有先见之明,他不仅说了,而且还做了——打破近体诗的韵律格

---

① 木心讲述,陈丹青笔录:《木心谈木心——〈文学回忆录〉补遗》,广西师大出版社 2015 年版,44 页。

② 《文学回忆录》第六十八讲,868—869 页。

③ 关于木心近体诗不遵守声韵格律的问题,著者曾咨询过美国汉学家童明先生,他的回复与著者观点异曲同工:"杨先生,你的解释恰如其分。木心不是也不愿意当国学派,认为文学和文化的正道是创新。诗的创新包括对格律的处理,这一点在西方文学(理论)史上非常清楚。比如华兹华斯在《抒情歌谣之序》中就说过,中国文学/文化中有一'国学派',这些道理和他们是讲不通的。木心先生的观点一以贯之:中国文学文化传统若要继承发展,唯有经过批评和创新。古老的东西不能现代化是僵死的。生命力才是诗魂。"

④ 《文学回忆录》第四十讲,530 页。

式。结果呢？果然遭到一些对其观点全然无知的人的肆意诋毁。这种现象，正印证了木心的担忧："要被囚进疯人院"。

其实，这种有意摆脱成规独辟蹊径从而独树一帜的探索，正是木心的可贵之处，也是木心在文学史上留下美名的重要原因之一。就像陈子善先生所说："木心有许多难得之处，在我看来，最难得的是，他是较早也较为成功地摆脱了那套流行话语的束缚和影响，在文学创作上独辟蹊径、自树一帜的一位作家。写中国当代文学史，木心这个名字是不能再视而不见了，否则，这部文学史就是残缺不全的。"[1]这才是对木心打破文学常规做法的客观评价。只有看懂了木心的作品，对木心的作品有了客观全面的认识，发现其创作规律，才能懂得木心创作的良苦用心。

木心的作品在很大程度上是写给"未来"的人看的，他说："有一类作家是写给'未来'看的（这些作品给过去的某几个朝代的某几个人看，也很合适，因为他们也是'写给未来看'的一类），而与这类作家生于同代的人看了这些作品，骂了，骂法有二：'这种东西根本不是文学'，'这种东西早就过时'。"[2]显然，木心对今人不理解自己的作品是有着预见的，包括他的律诗不受格律的束缚。前文所引对木心律诗的诋毁完全符合木心笔下自以为是的第一种骂法"这种东西根本不是文学"。那种对木心作品管中窥豹从而对其大放厥词的做法，狂妄之中透露着荒谬与可笑，不值一驳。

5.《文学回忆录》第二十四讲，木心给陈丹青等人授课，说：

---

[1] 陈子善为夏春锦《木心考索》所作序。
[2] 《聊以卒岁》,《即兴判断》,109 页。

"我答应过大家:以诸位名字入七绝诗最后一行。赞、讽、赏、劝,都入诗。"以下就是木心赠给听课的12人每人一首七言绝句。

(1)金高

  玉做鬓钗锦作袍,疑曾瀛台共早朝。

  抛却神州干戈事,金风涤荡秋云高。

  (喻女性贵族。喻对中国的绝望)

(2)陈丹青

  蒿莱生涯剧可怜,幸有佛耳双垂肩。

  桐花万里山山路,独折丹桂上青天。

  (典:凤凰非梧桐不停)

(3)黄素宁

  惯裁玉笔独沉吟,情到恨时转多情。

  不争春柳烟媚色,素心秋兰自宁馨。

(4)夏葆元

  昂藏七尺眉轩雄,坐似静山行如风。

  毋友太不如己者,葆真归元道无穷。

(5)李全武

  李家从来韵事多,画坛情场不蹉跎。

  金屋新藏碧眸女,全凭文武韬略何。

(6)章学林

  知君用心如月明,月照沟渠波难清。

  家有娜嬛一角好,学满五车入琼林。

  (典:娜嬛,上帝的图书馆)

(7) 曹立伟
　　沛国曹门出诗魁,风流千古意徘徊。
　　锦心绣口破万卷,授笔立就气英伟。

(8) 李菁
　　杨家有女新长成,春来细着绿罗裙。
　　随郎归看晴沙岸,李白行过草菁菁。

(9) 陈捷明
　　粤海荔湾结君庐,朝闻福音夕反刍。
　　程门立雪深一尺,才思便捷泻明珠。

(10) 黄秋虹
　　娟娟贞女礼岱宗,夫子最怜香膏浓。
　　忽闻清磬断复续,秋霖才过仰彩虹。

(11) 丁雅容
　　为拯大夏觅英雄,破浪乘风不计功。
　　报来达赖喇嘛使,玉肩咿哑迎笑容。

(12) 李和
　　艺侣春明乐同科,画梁稳栖呢喃多。
　　东风不嫌翠羽薄,桃李门墙合祥和。

给以上12人每人赋诗一首后,木心说:"再无事,再不相干,再难,我可以弄他成诗。"之后又是木心当堂吟诵的四首诗:

(13) 东来紫气已迟迟,群公有师我无师。
　　一夕绛帐风飘去,木铎含心终不知。
　　(从前儒家讲课,有红帐,开课,称绛帐)

(14) 一对鹦鹉并头语,软玉温香谁及伊。

自劳自食逍遥客,似讥世上尽执迷。

(15) 其舌如簧,其羽若锦。

偶逢枝头,顾盼生情。

(16) 墨可作五色,五色与墨同。

祢衡一赋在,千古笑曹公。①

以上 16 首诗,是木心当堂吟诵的,并且还谦虚地告诉众人:"诸位不要抄。以上不是诗。"可见木心对这种当堂吟诵的诗是不在意的。但作为木心的逸文,却被陈丹青记录了下来,难能可贵。

6. "在外总是镀,回国才是金。借问行路人,何如普式庚?"②

此诗是木心 1992 年 10 月 18 日给陈丹青等人授课休息时随口吟诵的。

7. "结庐在人境,却无车马喧,只要一隔离,全部都完蛋。"

此诗是木心抨击"凡是能搞起运动的,大致是二流角色"这一现象进而以"文革"为例而言的,化用了陶渊明的《饮酒》诗,显得俏皮而幽默。"走兽飞禽中,可以找到例证:鹰、虎、狮,都是孤独的、不合群的,牛、马、羊、蚁,一大群,还哇哇叫。最合群是蛆虫。所以'文革'聪明。他们把你'隔离审查',他们知道人是合群的。可是连我也受不了,陶渊明也受不了——'结庐在人境,却无车马喧,只要一隔离,全部都完蛋。'"③

---

① 《文学回忆录》第二十四讲,284—287 页。
② 《文学回忆录》第六十五讲,846 页。
③ 《文学回忆录》第七十四讲,942 页。

(二)现代诗或警句

与近体诗(律诗与绝句)相比,木心写得更多的则是现代诗,已经出版的木心诗集也都是现代诗合集(《诗经演》除外)。在木心的作品与《文学回忆录》中,现代诗的逸文与木心曾经写过的警句(包括木心给自己写的墓志铭)数量也很可观(木心曾写过的这些警句,有些也符合木心所论俳句的特征,但既然木心没有直接说这些警句属于俳句,姑且就将俳句单独列出阐述,见下文)。

1. 木心十四岁写的白话新体诗。

木心曾经回忆少年时代:"抗日战争爆发了,不上学。家庭教师,当堂交卷,苦苦混到十四岁,明里五绝七律四六骈俪,暗底写起白话新体诗来。"《鱼丽之宴》保存了木心少年时代写的两首现代白话诗:

第一首:

时间是铅笔,

在我心版上写许多字。

时间是橡皮,

把字揩去了。

那拿铅笔又拿橡皮的手

是谁的手?

谁的手。

第二首:

天空有一堆

> 无人游戏的玩具
>
> 于是只好
>
> 自己游戏着
>
> 在游戏着
>
> 在被游戏着

李颉曾给予木心的这两首诗极高评价:"仿佛少男少女的初恋一般纯情,那是号称童心诗人的顾城努力一辈子都不曾写出来的。……木心天然具有一颗玲珑剔透的诗人之心,有如婴儿般的济慈。但又比济慈更老成。济慈的诗作是全然的复返婴儿状态,木心的纯真却具有与生俱来般的沉思品质,并且有如少年遗精一样的自然而然。……倘若李耳十四岁也曾写过诗歌,那么很可能就像木心这样,既思考时间,又打量空间。这两首诗的意象,与埃舍尔绘画有着奇妙的吻合。同时又与博尔赫斯遥相映照。"①

除了以上两首完整的,《鱼丽之宴》还保留着一首诗的片段。

> 画一座琪花瑶草的无人岛
>
> 画许多白帆向它飘
>
> 这也是膏笔的圆谎么②

2. "即使我现在就走,也是最后一个顾客了。"

1982 年,木心来到美国,开始了新的文学艺术征程。后来他回忆在琼美卡的生活:"写作习惯呢,说来真不怕人见笑,地

---

① 李颉:《木心论》,广西师大出版社 2015 年版,88—89 页。
② 《海峡传声——答台湾〈联合文学〉编者问》,《鱼丽之宴》,21 页。

下车中写,巴士站上写,厨房里一边煮食一边写,并非勤奋,我想:不写又作什么呢,便写了。最喜欢在咖啡店一角,写到其他的椅子都反放在台子上,还要来两句:即使我现在就走,也是最后一个顾客了。"①显然,"即使我现在就走,也是最后一个顾客了"也是木心生活中较为随意写作的一句诗文。

3. 木心崇敬并且悼念托尔斯泰的诗。

> 树林的远处
>
> 出现了骑马的宪兵
>
> 列夫·托尔斯泰的棺木
>
> 徐徐放下墓穴
>
> 几万人跪地,唱
>
> 永垂不朽
>
> 有谁用很不协调的高音
>
> 喊道:警察跪下
>
> 宪兵们纷纷落马一齐跪倒
>
> 开始撒土,唱
>
> 永垂不朽②

4. "我爱我的祖国,我也爱别人的祖国。"

此诗只留下以上两句,写作时间不详,但应当是在出国之前,甚至"文革"之前。③

5. 木心的一句逸诗,是送给莫扎特的:"因为礼物太精美,

---

① 《海峡传声——答台湾〈联合文学〉编者问》,《鱼丽之宴》,24页。
② 《文学回忆录》第五十讲,652页。
③ 《文学回忆录》第五十八讲,749页。

使得接受的人不配。"①

6. 木心生前给自己预写的墓志铭(暂定):"即使到此为止,我与人类已是交浅言深。"②

7. 木心年轻时写过的逸文:"警句是给别人用用的。"③

8. "艺术家是分散的基督。"

木心明确说"艺术家是分散的基督"是"一句不愿发表的话",意思是:作品不应直接宣传道德,道德应当以暗示的形式出现。"道德在土中,滋养花果——艺术品是土面上的花果。道德力量愈隐愈好。一点点透出来。""哈代,陀思妥耶夫斯基,耐性多好!哪里宣传什么道德。""现代文学,我以为好的作品将道德隐得更深,更不做是非黑白的评断。"④鉴于此,木心提出"艺术家是分散的基督"的观点,这里的"基督"显然是指道德,"分散的基督"显然是指隐藏在情节中的非显性的道德力量,绝非以直接说教的形式出现。

9. "艺术家另有上帝(或作'艺术家另有摩西')。"

这是木心针对陀思妥耶夫斯基在其创作后期遭到俄国左翼分子的攻击而发的言论。"当时俄国左翼的论调,认为陀氏在这之前思想进步,苦役流放后,成了唯心主义,敌视革命,攻击车尔尼雪夫斯基,中了沙皇的毒计,成了反动的说教者。"对此,木心不以为然,他认为艺术家与政治家不同,"政治家非黑即白,

---

① 《文学回忆录》第七十二讲,924页。
② 《文学回忆录》第七十二讲,924页。
③ 《文学回忆录》第七十三讲,933页。
④ 《文学回忆录》第四十二讲,556页。

艺术家既非黑又非白。"陀思妥耶夫斯基的书中,根本找不到陀氏本人的思想信仰与道德规范,所以木心说了"艺术家另有上帝"这句话,意思是:"文学的最高意义和最低意义,都是人想了解自己。这仅仅是人的癖好,不是什么崇高的事,是人的自觉、自识、自评。"①即文学与作家本人的思想信仰和道德规范未必有关系,如果将两者强行拉上关系,是可笑可鄙的。

10."贫穷是一种浪漫。"

木心原话是:

> 我曾说:"贫穷是一种浪漫。"这一点陀氏最拿手。被侮辱被损害的人心中,有神性之光,其实是陀氏心灵的投射。托尔斯泰最爱上帝,他的上帝是俄国农民的上帝,公共的上帝,陀氏的上帝是他自己的上帝,近乎艺术的上帝了。②

显然,这里的"贫穷"是指"被侮辱被损害","浪漫"是指心中的"神性之光"即艺术在作者"心灵的投射","贫穷是一种浪漫"整句话的意思是:艺术家即便被侮辱被损害被误解,但只要坚守艺术,坚持本心,不被外界的种种不良影响所左右,也是"浪漫"的,就是艺术的上帝。这是木心艺术观的内涵之一。

11."美学,是我的流亡。"

爱尔兰作家乔伊斯曾说:"流亡,就是我的美学。"针对这句话,木心则说:

> 这句话,我在一篇短文中写道:

---

① 《文学回忆录》第五十讲,645页。
② 《文学回忆录》第五十讲,646页。

"'流亡,这是我的美学',我不如乔伊斯阔气。我说,美学,是我的流亡。"①

关于此句的意思,木心曾作如下阐释:

乔伊斯的意思是说,流亡是我的美学,阔气得过了头。我说,美学是我的流亡——哲学的乡愁是神学,文学的乡愁是人学,看着看着,难免有褒贬,乡愁太浓,即乡愿,我的来到美国,是散步散远了的意思。在纽约一住十年,足不出户,再花莳草,哪里是什么流亡(孔子说,乡愿,德之贼也。那些民运人士说:哭着出来,笑着回去。我说:真叫哭笑不得)。②

12."我只在造物者的未尽善处尽一点力。"

"今年春天,我观察寓所外墙的爬山虎,真感动人。我还用胶带绑一绑那爬墙草。我写过:'我只在造物者的未尽善处尽一点力。'"③木心曾经所写下这句话的意思是:对自然美的追求应当是使之"尽善尽美"。

(三)俳句

木心曾对俳句下过一个定义:"俳句的规矩,是十七字组成一句短诗:第一句五字,第二句七字,第三句又是五字。公认是用来写景的。后来五字一句,也成俳,二句也成,三句也成,但不

---

① 《文学回忆录》第六十三讲,818 页。
② 《木心谈木心——〈文学回忆录〉补遗》,148 页。
③ 《文学回忆录》第七十五讲,953 页。

能有四句。"①木心后来对俳句作了突破,打破常规:"我所写的短句早已超出规定,嬉笑怒骂都有,可谓俳句的异化,但我守住不出三句的规矩。"木心的逸文,最多的就是以俳句形式出现的对文学、艺术的看法以及对人世问题的人生感悟。

1."哲学的水落,神学的水出。"

这是木心对哲学家海德格尔的评价与批评。海德格尔是西方公认的研究尼采的权威,但他最后的结论竟然是:忧虑恐惧使人通向存在,存在是快乐光明的,最大的快乐光明是通向上帝。所以木心说了上述俳句。言下之意:海德格尔的哲学研究最终竟然变成了神学,即相信上帝的存在;就是木心所说的"海德格尔选择了一个更大的窝,等他那个养胖了的上帝。"而木心的观点是:"哲学根本就是一个亵渎神明的事。对于我,哲学的起点终点是:一颗星球要来撞地球。那么,有神论无神论算什么?"并且木心还引用了爱因斯坦的话:有人形的上帝我是不相信的。木心既不相信无神论,更不相信有神论,相信科学知识,认为"科学知识足够埋葬神学,接下来还要结束哲学"。② 因而以上俳句,显然是对海德格尔哲学通向上帝之说的批评。

2."所谓人文关怀,是邻家传来的焦锅味。"

这是木心针对萨特死后隆重的葬礼而发的议论,非常具有讽刺意味。木心对萨特生前所做的四件大事是称道的:1964年拒绝诺贝尔奖,1967年任"国际战争罪法庭"庭长时起草反对美

---

① 《文学回忆录》第五十七讲,733页。
② 《文学回忆录》第七十讲,895—896页。

国侵略越南的判决,1968年支持法国学生运动,1968年抗议苏联入侵捷克。但是,中国"文革"期间,远在法国的萨特竟然当起了"红卫兵",贴大字报拥护中国的"文化大革命",木心认为这种举动无疑是"干傻事"。另外,萨特"一生不断介入。我对介入者的观感,是世上事情纷纷扬扬,你介入得了吗?介入,是苦行者的态度,不介入,是快乐主义的"。萨特的"介入",主要指他对社会主义和资本主义两大阵营,"两边都骂",具体而言,就是指:搞了一个"社会主义与自由"的抗击法西斯的组织;五十年代谴责美国的侵略战争,抗议法国对美国的屈从,反对苏联出兵匈牙利,支持阿尔及利亚民族独立,等等。萨特死后,法国举国悲悼,德国、日本与美国都高度评价萨特,于是木心说出了上述俳句。

木心坚持认为:"生前尊荣、葬礼隆重的人,他有限,影响也有限。""如果伟大,死后会慢慢发光,一直照亮下去——"[①]为了强化这个观点,木心提出了反问:"莫扎特的葬礼?"众所周知,莫扎特死后,没有鲜花、没有挽联、没有送葬的队伍,只有一方墓碑,如同穷苦的贫民,但莫扎特留存的音乐作品永世长存。反之,鉴于萨特的"傻事"以及他的种种"介入",他的葬礼虽然尊荣,但木心认为"他有限,影响也有限",根本算不上"伟大"。所以,木心评价萨特的俳句"所谓人文关怀,是邻家传来的焦锅味",意即萨特对其他国家体现出的"人文关怀",是起不到根本性作用的,就像能闻到但不能充饥的"焦锅味",只能算是画

---

① 《文学回忆录》第七十二讲,921—922页。

饼充饥、望梅止渴的自我安慰。这无疑是对萨特的极大讽刺。

3."推举一位健美先生,然后一枪击毙。"

木心对此句作了解释:"一个人非常健康,落在困境中,他不怕的。当然,要他死,那也没有办法。"①

4."幸与不幸,我目睹了它的破灭。"

这句话是木心针对加缪(1913—1960)成为左翼知识分子中的佼佼者一事而言的。"我们如果生在那时,也会参加左派。生在现在有幸,当时,'左'的错误还不明显,还没扩大,对的东西无可厚非,很难选择的。"②所以,"幸与不幸,我目睹了它的破灭"中的"幸",就是指"生在现在",可以回顾,看清问题的本质,目睹其破灭,是幸运的;"不幸",就是参加了左翼组织。这是木心对革命年代"左"翼组织的态度。

5."不太好看的人,最耐看。"

这是木心对加缪(1913—1960)的评价:"总的说来,我对加缪印象蛮好,可惜他死于车祸。你们看他照片,像个很好的新闻记者,很想和他谈谈。"③

6."老实话,俏皮话,要说的都是一个意思。"

这句话的意思是:文学艺术的更新应当是"自然更新,不慌不忙地更新"④,没有必要着急。因为写实的也好,新潮的也罢,表达的意思如果是一样的,形式无论如何变化,都万变不离其

---

① 《文学回忆录》第七十三讲,930 页。
② 《文学回忆录》第七十四讲,938 页。
③ 《文学回忆录》第七十四讲,941 页。
④ 《文学回忆录》第七十五讲,953 页。

宗。所以,为了求新而求新是要不得的。

7."那个才气超你十倍的人,你要知道,他的功力超过你一百倍。"①

这是木心 1993 年 5 月 16 日在去给陈丹青等人上课的路上想到的一句话。其意是勉励学生们博闻强识,增加自身的才气,增加自身的学识,这样就会"功力"深厚,使用的时候就会游刃有余。

8."走在正道上,眼睛看着邪道,此之谓博大精深。"

意思是:人要走正道,但要明白什么是邪道;对邪道也不能置若罔闻,而是要对此判断鉴别,从中吸取经验教训。走正道,辨邪道从而避开邪道,汲取文学、艺术素养,就是"博大精深"的人。同时要防止一种倾向:"有人走正道,一眼不敢看邪道。有人走正道,走着走着,走邪道上去了。"②

9."我在中途岛,遇到了白发苍苍的伊卡洛斯。"③

对于这一俳句,木心曾在《即兴判断》中作了解释:"我想念那本《朝霞》(作者注:尼采著),犹记得有一节是把思想家比作漂鸟,本是各自奋飞的,偶然在中途岛上休憩时遇见了,稍栖之后,又分别启程,'前面还是海呵海呵海呵'。"④

10."傻得可爱,毕竟是傻。智慧可怕,毕竟是智慧。"⑤

这是木心送给听课的学生的勉励之语。不要做傻子,即便

---

① 《文学回忆录》第七十五讲,957 页。
② 《文学回忆录》第七十六讲,969 页。
③ 《文学回忆录》第七十七讲,981 页。
④ 《寄白色平原》,《即兴判断》,73 页。
⑤ 《文学回忆录》第七十七讲,988 页。

是"可爱"的傻子也不要做,因为本质上脱不了"傻";要做智慧的人,哪怕是"可怕"的智慧,毕竟智者是非一般人所能相比的。

11. "世界末日从巴黎开始。"

法国人一味追求文学艺术的"新","这是没有强力可以扭转的"。但是,总有一天,"会看腻的。会烦的"。木心认为:"如果我没有说中:艺术越来越荒谬。把铁塔倒过来,把卢浮宫浇上汽油慢慢烧,那么,我也赞成。"①所以,"世界末日从巴黎开始"的俳句反映出木心对法国人一味求"新"、崇尚越来越荒谬的艺术的一种强力批评,甚至可以说诅咒。

12. "艺术学院里坐着精工细作的大老粗。"

木心说:"如果我现在十八九岁,强壮有力,该多好! 书要读的,文学书根本不用人教。文章呢? 自己改改好了。然后去做各种工,走各种的国,混到四十岁,积了钱,隐居写作。大学,美术院,研究员,向来反感,坐在那里什么也写不出来。"于是木心写了以上俳句。这是木心对脱离生活而写作的鄙视,同时也很好地印证了木心的结论:"家禽出在大学。虎豹出在山野。"②

13. "生命的悲哀是衰老、死亡,在这之前,谁也别瞧不起谁。"

木心说这俳句的背景是:"年轻时去杭州,看到监狱,心想和我有甚关系。结果长大了,一进二进三进,谁想得到?"所以"生命的悲哀是衰老、死亡,在这之前,谁也别瞧不起谁",因为

---

① 《文学回忆录》第七十八讲,996—997 页。
② 《文学回忆录》第七十九讲,1008 页。

"谁都不知道会有什么经历"①。

14."故乡最无情。"

这是木心针对不正常的人情关系而言的,并对此深恶痛绝。"中国大陆走后门,塞红包,非常可怕。后门都能通,前门就关了。红包一塞,不通的通了,能通的反而不通了,这多可怕。开刀,都铺了路,给了红包,可是管麻药的那个人忘了给红包,一上手术台,痛死。"②

15."缪斯,是不管现代诗的。"

缪斯是古代希腊传说中的艺术女神。说缪斯"不管现代诗",反映出木心对现代诗的失望。木心认为很多现代诗都是虚伪的,如金斯堡(1926—1997)的《嚎叫》:"他把青年人的恶性败德归罪于美国政府,而且以更恶的恶行,更败的败德,来对抗。这是一种痞子心态。"对于诗,木心是这样看的:"诗,是高贵。""诗人,一点点恶败,就完了,俗了,一句好诗也写不出来。"③"缪斯不管现代诗"不仅说出现代诗的虚伪与无病呻吟,而且还体现出木心对诗的本质与诗人品性的召唤。

16."中国有人家里不养鸡,不养狗,一遇到事,鸡飞狗跳。"

这主要以形象的比喻来说明绝对真实与相对真实之间的关系。"爱,好好地结束,还有相对真实,如果恶恶地结束,回忆都不愿意回忆。"然后得出此俳句,最后下结论:"追求绝对真实的

---

① 《文学回忆录》第七十九讲,1010页。
② 《文学回忆录》第八十讲,1019—1020页。
③ 《文学回忆录》第八十讲,1022—1023页。

人,不能享受相对真实。意思是说,他什么都享受不到。"①

17."悲观主义是不得不悲观的意思,此外没有别的意思。"

"悲观主义"之所以"不得不悲观",是因为现实的丑陋无法改变。"战争还会来的。人类还会制造奇巧的、杀伤力更大的武器,造了,就会用。自然规律,是把地球变成一个自然冷却的死球。在这之前,人类自己会把这个球毁掉。"②

18."提前穿夏装的人,都不坏的。"

这是1993年12月19日木心给陈丹青等人授课休息时聊到春末提前穿夏装的人,木心所说的俳句。"那种人,敏感,爱美,先穿了,其实和好人坏人没关系。"③

19."人生重晚晴。"

这是木心对苏联女作家阿赫玛托娃(1889—1966)的高度赞美之词。"普希金是俄国文学的太阳,阿赫玛托娃是俄国文学的月亮。""她是评家、散文家、诗人,一生坎坷,但晚年好。""她死于1966年,斯大林已经过去了,所以她的葬礼才有这等场面。日丹诺夫曾在大会上骂她'修女加荡妇',太不像话!斗得她好苦。她非常坚强、沉着,据理力争,活到七十七岁。"④所以说"人生重晚晴"。

20."孔子未亡必霸,而必为人所霸。老子治国,而生随之亡。"

---

① 《文学回忆录》第八十一讲,1039页。
② 《文学回忆录》第八十一讲,1041页。
③ 《文学回忆录》第八十三讲,1056页。
④ 《文学回忆录》第八十三讲,1059页。

木心明确说"这是我从前写的句子"。木心对孔子一直没有好感,认为孔子"虚伪",理论"不近人情",心理"阴暗";"孔子的言行体系,我几乎都反对——一言以蔽之:他想塑造人,却把人扭曲得不是人。"①"孔子未亡必霸,而必为人所霸"是根据孔子的言行推导的结论,孔子是以"霸"即全面恢复周代礼乐制度为终极目标的。只要他不死、"未亡",这个信念是不会泯灭的。"老子治国,而生随之亡"也是根据老子的生平与言行推出的结论,老子提倡"无为""无治",这是老子的治国主张,但如果真让老子来治理国家,老子大概也生不如死。所以说,木心的这一俳句其实说明了人生应当适得其所,本性是无法改变的。"适得其所"之"所"即本性。木心联系自己在"文革"期间的不幸遭遇,认为自己"不失其所者久。这个'所',是本性。死而不亡者寿,完全是指艺术家。"②

21. "我像寻索仇人一样地寻找我的友人。"

木心说:"文学背后,有两个基因:爱和恨。"然后提出以上俳句,接着说:"这可以概括我一生的行为。你们见过这样强烈的句子吗? 说起来,是文字功夫,十五个字,其实不过是有爱有恨,从小有,现在有,爱到底,恨到底。"③

以上是对木心逸文的探索与辑录。可以肯定的是,就数量而言,与传世作品相比,木心散佚的作品必然占主体。对于读者来说,这是非常遗憾的。那么,木心自己如何看待这些散佚的作

---

① 《文学回忆录》第十五讲,188—190 页。
② 《文学回忆录》之《最后一课》,1068 页。
③ 《文学回忆录》之《最后一课》,1072 页。

品呢？木心曾言："我探索了四十多年，写了近千万字，大部分毁了。自毁。一直这样过来，以为自己会写的。可是直到1983年，才知道以前的东西没有找到个性，好像替别人在写。"①从中可见木心对散佚的作品似乎并没有太多的遗憾，甚至有些作品是木心"自毁"。卡夫卡临终前曾嘱咐朋友布罗德烧毁他的全部作品，木心对此评论："我小时候读到这里，感动。卡夫卡境界是高的。我从小也想写，写后烧，真是少年不知'烧'滋味。烧不得的！但境界真是高。"②木心"自毁"作品，境界也真是高，因为他认为这些作品"没有找到个性"。这反映出木心对自己的创作近乎苛刻的要求。作为读者，我们也应当理解木心先生的主张与苦心。

对木心本人爱情故事的探索

著者曾在《关东学刊》2020年第2期发表了论文《论木心的爱情观》，该文主要阐述木心对爱情的看法，同时还联系木心作品和言论对木心终身恪守独生主义的原因进行了一定的探索。没有想到的是，此文竟然引起了很大轰动，2020年11月28号在桐乡市召开的第一届"离散与回归——木心与华语文学教育论坛"（华东师范大学教授陈子善先生说：这次论坛是国内第一次木心学术研讨会，也是学术界研究木心最具专业性和前沿性

---

① 《文学回忆录》第七十七讲，980页。
② 《文学回忆录》第六十五讲，845页。

的会议,必将进一步推进木心研究)上,围绕对拙文的评价,对木心本人爱情故事的探索竟然成了一个讨论非常热烈的话题。好几位学者都向著者问到了同样一个问题:像木心这样玉树临风的翩翩君子,他的爱情故事应当是很丰富的,那么,他的女友是谁?如果他有女友的话,究竟是什么原因导致这段爱情无疾而终?

对于这样的问题,2020年,在桐乡举行的国内第一届木心研讨会上,陈子善先生说:"木心恪守福楼拜'呈现艺术,退隐艺术家'的信条,如果他还活着,他肯定不希望别人窥探他的个人生活世界,包括爱情。但是,木心已经去世,对艺术家作品与个人生平事迹的探索必然会成为后世学者研究的论题,这也是很正常的。"子善先生的话,给了著者很大的信心,我在会上以非常肯定的语气阐述了我的看法:木心这辈子没有爱情,他没有真正谈过恋爱!

之所以有此判断,是以木心本人的艺术追求、性格特征与人生经历为依据的。

木心少年时代,十四岁时,因为阅读、痴迷《圣经》,围绕对《圣经》的见解,他曾和湖州的一位女孩子有过长时间的通信联系,两人还见过面。

我少年时有个文字交的朋友,通了五年信,没见面。她是湖州人,全家信基督。她的中学、大学,都是教会学校,每周通一信,读《圣经》,他字迹秀雅,文句优美。她坚持以上的论点(作者注:指《旧约》比《新约》更可贵),我则力主《新约》的文学性、思想性超过《旧约》。论证,是法国纪德他们一批文学家,作品的精粹全出于《新约》。

后来我们在苏州东吴大学会面,幻想破灭。再后来她转入南京神学院,信也不通了。《旧约》没有能使她爱我,《新约》没有能使我爱她。现在旧事重提,心里忽然悲伤了。毕竟我们曾在五年之中,写信、等信二百多次,一片诚心。……当时我十四岁,她十五岁,……①

通信五年,虽然观点存在分歧但对方所说也有其根据,且对方"字迹秀雅,文句优美",这肯定会让木心对两人的见面很期待;但见面后竟然"幻想破灭",到底是什么原因?木心后来曾作过交代:"我少年时跟一个女孩子通信,因为写写文章,爱慕,通了三年多(作者注:和上文所说'通了五年信'有分歧,木心记错时间是经常的事),后来一见面,从此不来往了。三年柏拉图。一见,一塌糊涂。勉强地吃饭,散步,勉强地有个月亮照着。"②"一塌糊涂",很可能是对方的外貌形象与木心的想象差距太大,令木心难以接受。这也可见木心对女方外在形象与内在气质的要求之高。

在离开乌镇之前,木心从没有谈过恋爱。1943 年,为报考国立杭州艺术专科学校,17 岁的木心出走乌镇,前往杭州,之后在杭州、上海之间往返。一直到 1949 年,木心有没有和女孩子恋爱过,我们不清楚,但可以从以下事件中看出端倪。

1947 年,木心在杭州艺专认识了来自四川的同学席德进;1948 年,木心前往台湾,落脚于台南麻豆总爷糖厂子弟学校,没

---

① 《文学回忆录》第五讲,71 页。
② 《文学回忆录》第八十一讲,1039 页。

想到在这里又遇到了落脚于嘉义中学的席德进。老同学见面自然分外热情,席德进对木心详细说了自己的情史。面对老同学的推心置腹,木心根本没有漏出任何一点关于自己爱情的信息。这说明什么?只能说明木心根本就没有经历过爱情。如果木心之前真经历过爱情,面对老同学的坦诚相待,他能不告诉老同学?

后来木心准备离开台湾回大陆,席德进"黯然而泫然",从两人离别前的谈话,可以推断出木心心灵世界的某些侧面。

木心:你以后,以后你的一生,将充满痛苦。

席德进:我也不是不知道……但,你说,就没有人会爱我?

木心:有的。很难有人像你爱他(作者注:当指翁祖亮)那样的爱你。

席德进:你呢?你的命运?

木心:我没有命运。

席德进:奇怪,你不谈自己,杭州认识,台南重逢,这次再见,你从来就只谈艺术?除了你的姓名,我还什么都不知道。

木心:我这个自己还不像自己,何必谈它。

这段对话其实预示了两个人的命运:木心在席德进面前,所谈的只是艺术,至于他的理想、追求当然也包括爱情,席德进与木心相处了那么长时间,竟然也全然无知。木心对此的解释是:"我这个自己还不像自己,何必谈它。""自己还不像自己"有点过于深奥,以愚意揣之,大概意思是:所过的生活绝非自己想要的生活,尤其提升艺术的环境更是一塌糊涂。木心对自己生活的环境尤其艺术环境的要求是苛刻的,他是纯粹地爱艺术、追求艺术,为此不惜以一种近乎自虐的方式来宣泄对现实的不满。将自己的一生完全付诸艺术,从艺术中获得心灵的慰藉,以此来接近艺术上的理想国。木心说:"我以为'浩然之气',指元气,如你果然献身艺术,艺术会给你不尽元气,一份诚意,换一份元气。牺牲功利,牺牲爱情,背叛政治,得到艺术,真的要牺牲。"①"如果你聪明,要准备在政治、人生、爱情上失败,而在艺术上成功。"②"牺牲爱情"是"献身艺术"的重要条件之一。爱情诚可贵,艺术价更高,将爱情也排除在外就是理所当然的事了③。

那么,1949年以后,木心有过爱情吗?

的确,我们至今还没有看到过木心与哪位女孩子恋爱的资料。木心研究者夏春锦曾告诉著者,据画家夏葆元回忆,木心在20世纪50年代曾和一位女孩子爱得很深。这种说法,著者是不相信的。从1951年秋天至1956年上半年受迫害前,木心一直在上海民办育民中学担任教员④,其间写了一首诗《小镇上的艺术家》,述及自己在平庸的日子里对艺术生活的渴慕与向往,其中有:

---

① 《文学回忆录》第十六讲,204页。
② 《文学回忆录》第十二讲,152页。
③ 木心曾言:"我的修身原则:一、不工作;二、没人管;三、一个人。"见《文学回忆录》第三十八讲。在木心看来:修身,就是对艺术的追求。修身原则之一就是"一个人"即独身。可见木心独身的确与其艺术追求有关。
④ 夏春锦:《文学的鲁滨逊:木心的前半生(1927—1956)》,华文出版社2020年版,241页。

先找个人爱爱吧

人是有的

马马虎虎不算数

这说明此时是有女孩子与木心交往的,但"马马虎虎不算数",两人还算不上恋爱关系。从1956年下半年开始,在历次政治运动中,由于小人诬陷,加上木心思想前卫,同时又是地主出身,木心一再遭受迫害,与爱情绝缘更是理所当然的事了。

联系社会现实与政治态势,1956之后的木心没有爱情较易理解,毕竟在政治风暴中他是打击的对象;但1956年前即木心30岁之前,他没有遭遇过爱情,则好像有点不可思议,因为木心的确是一个翩翩君子,且满腹经纶。这样的人在生活中没有爱情,还是让读者感到困惑。

从1950年开始,出于对福楼拜的服膺与推崇,24岁的木心辞掉了杭州高级中学舒适的工作,上了莫干山,他已经将做一个"行易知难"的艺术家作为自己的毕生使命了。福楼拜的"呈现艺术,退隐艺术家"成为他终身恪守的信条。不仅如此,福楼拜对待爱情的态度也应当深深影响了木心。他在《文学回忆录·最后一课》中说:

福楼拜不结婚,他对情人说:你爱我,我的构成只有几项观念。你爱那些观念吗?

艺术家的牺牲,完全自愿。[①]

为了艺术,牺牲爱情,这就是福楼拜的伟大之处。木心评价

---

① 《文学回忆录》之《最后一课》,1078页。

福楼拜"艺术家的牺牲,完全自愿",其实何尝不是他自己的心声。艺术的种子从小就在木心的心间生根发芽,直至最终被确立为木心的终身追求目标,这是木心独守一生、绝缘爱情的最主要的原因。木心鄙薄18、19世纪把爱情当作事业奉为神圣的人,认为他们"半生半世一生一世就此贡献上去——在文学中所见太多,便令人暗暗开始鄙薄"。高声宣布:"决不再以爱情为事业。"①

为了艺术,杜绝爱情,在我等俗人看来不可思议,但对于视艺术为生命的木心而言,却非常自然。他一生与爱情绝缘,但从来没有后悔过。2010年秋天,匡文兵拜访木心,木心告诉他:"我从小性格就很倔强,我说不结婚,你看我到现在也没有结婚。"②并且木心问匡文兵:"你结婚了吗?"匡回答:"很遗憾,还没有。"木心笑答:"不遗憾,你看我八十多岁了,也还没有结婚哩。"③木心曾对自己的一生作过以下总结:"就个人而言,我家破人亡,断子绝孙,但是我用艺术成就了自己。"真心令人感佩不已。

除了追求艺术之故,个人的性格特征也成为木心绝缘爱情的重要原因。木心性情冷僻、孤芳自赏而又自视极高,常人不易接近。他和李梦熊情投意合、志趣相类,却仅仅因为李梦熊弄丢

---

① 木心:《多累》,《琼美卡随想录》,广西师大出版社2013年版,156页。
② 匡文兵:《晚年木心先生谈话录》,《木心逝世两周年纪念专号:〈温故〉特辑》,260页。
③ 《晚年木心先生谈话录》,《木心逝世两周年纪念专号:〈温故〉特辑》,270页。

了自己心爱的《叶慈全集》而立刻断交,且再不往来。上海画家王元鼎本是木心的好友,只因为不赞同木心的水墨画"不透明,有粉,为水墨画之大忌"的观点,也立刻遭到木心的断交,两人后来偶遇,木心竟然视王元鼎为路人。① 画家潘其流与木心一向交情甚笃,但仅仅一件小事,又至绝交。

> 潘其流比木心早去美国一年(作者注:木心去美国是1982年,由此来看,潘其流是1981年去美国的),原想将木心的画带出去,宣扬一下。但因胃出血手术差点送命,自己都瘪掉了,只得将画退还孙牧心。"退还画时,有了插曲,数量不足,孙牧心不爽,潘其流不让人的话又出来:'你的画,送给我,我都不要!'"②

这是两人绝交的原因。27年后(2009年),晚年的木心已经定居乌镇,潘其流在回国途中,托人联系木心,希望见面。木心的态度很坚决:闭门谢客,无法通融。可见木心"冷贤"的固执程度,"我已经是绝交的熟练工人了"③。

这种性格,一旦运用于爱情,试问哪个女孩子能够接受?李颉先生认为木心很像《红楼梦》中的妙玉:"这两位皆非浊世俗物,但又各有所障。""木心过于自恋,看透人世看透世人,却始终看不透自己。"④此论有一定道理,但木心比妙玉更为决绝。妙玉见到宝玉,尚且心猿意马,后来被情障所阻,几乎失态。钟

---

① 铁戈:《木心上海往事》,上海三联书店出版社2020年版,22—23页。
② 《木心上海往事》,153页。
③ 《文学回忆录》之《最后一课》,1075页。
④ 《木心论》,10页。

情艺术的木心,加上其无法通融的性格,在现实中的确遇不到自己真正喜爱的女孩子;即便能够遇到,木心的志趣、性格与价值追求,也决定了最终的结局必然是无疾而终。

著者在《论木心的爱情观》中说到过木心的择偶标准(明代高明《琵琶记》中的赵五娘)与木心少年时期对某军官夫人"爱在心里,死在心里"的"曾经沧海难为水"的人生经历,这也决定了木心在现实中不可能再有真正的男女之间的爱情。他只能沉浸在自己的艺术世界里与拜伦、尼采、纪德、兰波、陀思妥耶夫斯基等人神交,把他们都看作自己的"情人"。这就是呈现在我们面前的木心的"爱情"!

在本次"离散与回归——木心与华语文学教育论坛"上,有学者提出木心必然是有爱情的,根据是:如果木心没有爱情,他怎么能够把爱情与性爱的关系写得那么深刻。的确,小说《芳芳NO.4》中,木心把"我"和芳芳共度良宵的夜晚写得如此唯美、神秘而朦胧;木心更是断言:"性只有在爱情前提下,是高贵的、刻骨铭心的、钻心透骨的。爱情没有性欲,是贫乏的,有了性,才能魂飞魄散,光华灿烂。补足了艺术达不到的极地。一个人如果在一生中经历了艺术的极峰,思想的极峰,爱情的极峰,性欲的极峰,真是不虚此生。"①那么,木心的这些描写与论断能否作为他有过爱情的依据呢?

答案显然是否定的。实践体验与文学创作之间存在着紧密的关系,这是许多学者所持有的观点。这样的观点,木心是嗤之

---

① 《文学回忆录》第六十九讲,880 页。

以鼻的。木心说过:"所谓体验生活,与劳动人民同吃同住同劳动,写出来的东西却是假大空。""我写的很多地方,并没有去过的。去了,反倒写不出。不去,查资料,某某街,就可以写了。"①木心从没去过印度,但他的《恒河·莲花·姐妹》却极其真实地写出了印度"阉人"的不幸生活,"在印度生活过多年的人问我写印度为什么那么深刻?在那里生活了多少年?我其实没去过。"②木心没有去过日本,但他的《日本文化是一场了不起的误解》传到上海朋友那里,很多人都认为他受邀去日本讲学了。木心也没有去过西班牙,但他的《马拉格计划》却写出了西班牙的真实风光与生活。所以,依据木心描写爱情与性爱具有真实而深刻的特点,就断言木心曾经有过爱情,这是根本站不住脚的。

木心曾对自己的一生作过总结:"爱呢,出生入死,出死入生,几十年轰轰烈烈的罗曼史,我过来了,可以向上帝交账。"③这里所说的"罗曼史",绝非男女之间的爱情,而是指木心追求艺术的过程;"可以向上帝交账"又写出了他对自己与爱情决绝进而获得艺术成就的问心无愧。这就是木心的伟大之处!

---

① 《晚年木心先生谈话录》,《木心逝世两周年纪念专号:〈温故〉特辑》,264页。

② 《晚年木心先生谈话录》,《木心逝世两周年纪念专号:〈温故〉特辑》,264页。

③ 《文学回忆录》之《最后一课》,1066页。

第二章　木心的人事交集及人物品评

木心的母亲沈珍女士

木心能够成为具有世界影响的文学家与艺术家(美国加州大学汉学家童明语),成就他的因素当然是很多的:良好的家庭教育、茅盾书屋与家里藏书的浸润、民俗社会的影响、特定时代江南小镇的全面西化、西方教会传道带来的系统博洽的文化以及对异国情调的向往,等等,都促使木心眼界大开,最终使我们看到了一个"文学的鲁滨逊"。在这些因素中,母亲沈珍女士对木心的影响无疑是占重要地位的。

一

当年,木心的祖父孙秀林挑着一副箩筐,带着妻子和三个孩子(二女一男)从绍兴来到乌镇创业,先是在乌镇安了家,后来家业逐渐发达起来。依据绍兴人在外地的规矩,嫁人娶亲都不出"绍兴帮",所以孙家的两个女婿也都是绍兴移民。孙秀林的儿子孙德润(又名德顺),自幼体弱多病,常年医药补品不离身。勉强读完高小后,即在家调养。孙秀林知道儿子的难处,所以很早就在绍兴帮中物色贤淑能干的儿媳妇,最终选择了干练又精通文墨的绍兴姑娘沈珍。沈珍就是木心的母亲。

沈珍(1895—1956),亦是绍兴移民,父母家开有地毯厂,为人知书达理、贤淑能干。婆婆去世后,沈珍协助丈夫孙德润料理家务,并商请郑七斤之子郑阿海管理田庄。

孙德润和沈珍婚后共生了三个孩子,大女儿彩霞,二女儿飞霞,三子孙璞,就是后来的木心。在乌镇木心故居纪念馆,有一张木心的"全家福"———一家五口在孙家花园的合影,时间是1931至1932年间。父亲孙德润、母亲沈珍、大姐姐彩霞、二姐姐飞霞加上木心,一家人显得其乐融融。

然而乐极生悲,1933年,身体一向羸弱的孙德润旧病复发不治身亡,木心当时只有七岁。木心后来回忆:"我七岁丧父,只记得家里纷乱,和尚尼姑,一片嘈杂,但我没有悲哀。"[①]德润死后,沈珍独挑大梁,由德润的生前好友郑阿海(也就是木心作品中的"海伯伯")主持庄园,主仆同心,沈珍将孙家管理得井井有条,大家庭并没有衰落下去。沈珍笃信佛教,积德行善,平时督促二女一子课读。抗战时期,沈珍携全家到嘉兴邵传统家暂避,后又趋避于杭州,乌镇家业由家仆郑阿海看护。新中国成立后随孙彩霞一家迁居上海高桥,租住在沈家大院。1956年木心首次蒙冤入狱期间,沈珍女士病逝于上海高桥。

---

① 《文学回忆录》第四十六讲,594页。

二

母亲沈珍的启蒙教育,对童年木心开始接触文学并最终走上文学之路起着不可低估的影响。木心曾经回忆:

> 我小时候读四书五经:《大学》《中庸》《论语》《孟子》《易》《书》《诗》《礼》《春秋》。四书中,我最喜欢《论语》,五经中,我最喜欢《诗经》,也喜欢借《易经》中的卜爻胡说八道。
>
> 夏天乘凉,母亲讲解《易经》,背口诀:"乾三连,坤六断,震仰盂,艮覆碗,离中虚,坎中满,兑上缺,巽下断。"①
>
> "我小时候,母亲就要我们背《易经》的口诀。"②

除了《易经》,母亲还曾经给木心讲解杜诗。木心曾满怀深情地回忆起一件令人忍俊不禁的事。

> 教我读杜诗的老师,是我母亲,时为抗战逃难期间。我年纪小,母亲讲解了,才觉得好,因此闹了话柄:有一次家宴,谈起沈雁冰的父亲死后,他母亲亲笔作了挽联。有人说难得,有人说普通,有人说章太炎夫人汤国梨诗好(汤是乌镇人),我忍不住说:
>
> "写诗么,至少要像杜甫那样才好说写诗。"
>
> 亲戚长辈哄堂大笑,有的认为我狂妄,有的说我将来要做呆头女婿,有的解围道:童言无忌,童言无忌。更有挖苦

---

① 《文学回忆录》第十五讲,191 页。
② 《木心谈木心——〈文学回忆录〉补遗》,181 页。

的,说我是"泥金刚腾云,悬空八只脚"。我窘得面红耳赤,想想呢,自己没说错,要害是"至少"两字,其他人根本没有位置,亲戚们当然要笑我亵渎神圣,后来见到,还要问:

"阿中,近来还读杜诗吗?"①

童年木心认为写诗"至少要像杜甫那样才好说写诗",从中既可见木心对杜诗的推崇,更可见这种推崇显然是受到母亲的影响。如果没有母亲对杜诗的详细讲解,木心不可能见识到杜诗思想的深刻与艺术的精美,可见母亲对木心的影响之深,甚至木心晚年在《琼美卡随想录》中给杜甫定位:"如果抽掉杜甫的作品,一部《全唐诗》会不会有塌下来的样子?"②

童年木心的家庭,的确是书香门第,"母亲、姐姐、姐夫、姑系舅系的老少二代人,谁都能即兴口占一绝一律,行酒令、作对联,更是驾轻就熟,奇怪的又是各自城府深深,含蓄不漏,专待别人出笑料。"母亲沈珍更是熟读经典,当木心尊敬的海伯伯喝了黄烧酒后诗兴大发,白壁题诗,一首七绝至少有三处不妥不通,母亲便悠悠地说道:"你的海伯伯又在卖弄他的薛蟠体了。"③此事说明母亲不但懂诗的格律韵调,而且还能对近体诗恰如其分地评价。说海伯伯的诗属于"薛蟠体",可见母亲还熟读《红楼梦》,知道呆霸王的庸俗浅薄。

就对木心的文学引领来看,沈珍女士绝对是位伟大的母亲。不妨设想,今天有哪些女士能够既懂杜诗又懂《易经》的,这在

---

① 《文学回忆录》第十一讲,265 页。
② 《嗫语》,《琼美卡随想录》,46 页。
③ 《海伯伯》,《木心逝世两周年纪念专号:〈温故〉特辑》,3—4 页。

今人看起来的确高不可攀不可思议。陈丹青在《文学回忆录·后记》中曾高度评价沈珍女士："提到《易经》,他(木心)说夏夜乘凉时教他背诵《易经》口诀的人,是他母亲,抗战逃难中,这位母亲还曾给儿子讲述杜甫的诗,这在今日的乡镇,岂可思议。"木心将自己与中国文学的关系分为三个层次："我与母亲一层(士大夫),佣人一层(民间),还有我与佣人的师生关系一层。"①其中第一层次就是自己与母亲,这不能不说母亲对木心后来走上文学之路的影响是巨大的。

这种影响,还体现在木心常常将母亲的事迹移植到作品中去,衬托出母亲形象的完美,从中也可见木心对母亲的爱戴与尊敬。如小说集《温莎墓园日记》之《寿衣》中的母亲,随和善良,知性贤淑,做事果断,是家里的管事人,完全是现实中沈珍女士的形象;《夏明珠》中的母亲,更是以沈珍女士为原型塑造的:内敛含蓄,善解人意,持家精明,是非分明,处乱不惊,深受传统文化的影响。抗日战争爆发后,古镇落入日本鬼子之手,逃难一圈后"我们"又潜回到了古镇,夜晚"我"和姐姐去后花园玩得十分开心,觉得应该请母亲来分享,母亲答应了,当夜——

> 洗沐完毕,看见桌上摆着《全唐诗》,母亲教我们吟诵杜甫的五言七言,为了使母亲不孤独,我们皱起眉头,装出很受感动的样子。母亲看了我们几眼,把诗集收起,捧出点心盒子——又吃到故乡特产琴酥、姑嫂饼了,那是比杜甫的诗容易体味的。

---

① 《文学回忆录》第二十九讲,363页。

教孩子读《全唐诗》和杜甫的五言七言,这正是现实中的沈珍女士!木心的作品往往呈现出真真假假,假又显真的特色,木心曾评论《童年随之而去》:"我纪实?很多是虚的。全是想象的吗?都有根据的。写写虚的,写实了;写写实的,弄虚了——"①正说明木心作品假中有真的特质。哪怕是来自生活的小说,也常常虚构中带有真实。所以,木心作品中的"母亲"的确有其母沈珍的影子。散文《童年随之而去》中的母亲温和通达,善解人意,学识广博且见多识广。"我"把先生批阅修改得面目全非的文章重新誊录一遍,备母亲查看,"母亲阅毕,微笑道:'也亏你胡诌得还通顺,就是欠警策。'我心中暗笑老夫子被母亲指为'胡诌,没有警句。'"可见母亲的文化素养很高。老和尚赠我一只名窑的小盂,"我"高声诵起:"雨过天晴云开处,诸般颜色做将来。"母亲说:"对的,是越窑,这只叫碗,这只色泽特别好,也只有大当家和尚才拿得出这样的宝贝,小心摔破了。"母亲一眼就看出这是只越窑碗,的确是大家闺秀,这也符合现实中的沈珍女士。

木心对母亲的感情极深。小时候曾想"割肉疗母病":"每次想,下次割,看看手臂,想,等明天吧——哈姆雷特。"(《童年随之而去》)虽然出于害怕未能最终实施,但小孩子能够想到割自己的肉为母亲治病,对母亲的依恋程度之深可见一斑。

在木心的童年时期,母亲沈珍对他的教育引导使文学的种子在木心的心里生根发芽。沈珍女士是中国大家闺秀的典型代

---

① 《木心谈木心——〈文学回忆录〉补遗》,80页。

表,相夫教子、管家置业,着实不易。从童年时代开始,木心就依恋尊敬母亲,他后来把母亲的形象写进了许多文学作品中,以此作为对母亲的祭奠。可以说,母子之间互相成就,没有沈珍女士,就没有后来的木心;没有后来之木心,沈珍女士也会湮没无闻。从木心作品中探索沈珍女士的影子,给予崇高的赞美,对木心先生也是一种宽慰。

三

沈珍女士对木心的影响,当然不仅仅体现于对木心文学艺术方面的熏陶。她对木心为人处世之道的指正、对困境中的木心的理解以及为成全木心的文学艺术之路承受的巨大创伤,无不令读者动容、感佩。

1943年,木心独自来到杭州求学,住在盐桥附近的"蘋南书屋",思想变得前卫起来。就外表来看,由初来时候的"一袭长袍"变成了"藏青哔叽学生装、黑呢西装、花格羊毛衫、灯芯绒裤子……",完全西化起来,这是四十年代初浙江小镇上鲜见的。后接到家信,说来杭州的家乡长辈们看到木心后,回到乌镇,认为木心"单身在外,无人督导,显得华而不实"。就在木心深感委屈的时候,母亲来了——

> 居有顷,母亲来杭州办事,当然也是为了要看看儿子,我想不免要甄检"华"与"实"的公案,结果陪母亲游山泛舟,逛街选物之余,添置了秋冬大衣各一、英国纹皮皮鞋、瑞士名牌金表,还印了几匣名片,母亲说:"先一步步学起来,

以后就老练,独个子在外面,要懂交际,别让人家瞧不起。"我趁势问了那讥评的来源,诚然是"蘋南书屋"主人的高见,母亲笑道:"真的华而不实倒先得一'华',再要得'实'也就不难,从'华'变过来的'实',才是真'实',你姐夫,实而不华,再说也华不起来,从前你父亲是正当由华转实,无奈去世了,否则我们这个家庭也不致如此,我是说,你要'华',可以,得要真华,浮华可不是华……"①

母亲打破了世俗之见!别人认为"西化"后的木心"华而不实",沈珍则认为如果木心真能够做到先"华"后"实"最后达到真正的"实",那是人生的大进步;既然别人说木心"华而不实",母亲希望木心要"真华"而不是"浮华"。其实,真正了解木心的人还是母亲,母亲不相信儿子真是个"华而不实"的人,但她借着他人对木心的评价,顺水推舟地对儿子进行适切的点化,不失为明智之举。沈珍希望儿子能够比他的父亲更进一步,真正完成"由华转实"的突破,这是沈珍根据家庭变故得来的启示,反映出一个母亲的良苦用心。

木心的思想,有一个逐渐成熟的过程。解放战争期间,木心参加了多次学生爱国运动,结果被上海美专开除,"我少年时也被上海市长吴国桢批准的开除书开除,寄到家,我妈妈昏倒,家乡舆论大哗。"②这对沈珍显然是个沉重的打击。之后木心又被国民党通缉,为了躲避迫害,木心离开大陆前往台湾,住在嘉义中学,母亲沈珍一再写信来催他,要他尽快回到大陆。这反映了

---

① 《战后嘉年华》,《鱼丽之宴》,130—131 页。
② 《文学回忆录》第四十讲,522 页。

母亲对木心的牵挂,但令沈珍没有想到的是,木心回到大陆后却一直深受迫害。

不能不说,形势的变化使木心意识到母亲想法的落伍与过时:"不过我隐隐看到母亲对世道的估量已不符实际,我父亲的一代,确凿要善于交际,讲究体面,而战后的新生代就全然平民化了,且以此为标榜……"①木心所言极是,时代变了,以前所谓"讲究体面",穿西装打领带,全部归属腐朽没落的资产阶级生活方式,而资产阶级正是被专政的对象,之前母亲给木心"添置了秋冬大衣各一、英国纹皮皮鞋、瑞士名牌金表,还印了几匣名片"的举动,在现实生活中哪有存在的理由。现实的变化,木心预料不到,母亲沈珍也预料不到。

撇开文学,沈珍对木心的影响,还体现于为人处世之道的引导与人生经验的总结。

木心曾论及文学之道:

> 文学家个人的命运和文学史的大命运,往往不一致。要注意个人的作品,不要随文学大流,大流总是庸俗的。小时候母亲教导我:"人多的地方不要去。"那是指偶尔容许我带仆人出门玩玩。现在想来,意味广大深长。在世界上,在历史中,人多的地方真是不去为妙。②

"人多的地方不要去"是母亲对童年木心的指导,意味深长。表面上看,是不希望儿子到人多的地方去玩,实际上是希望儿子将来不要随波逐流与世俯仰,要做个思想与行动上独立自

---

① 《战后嘉年华》,《鱼丽之宴》,134 页。
② 《文学回忆录》第四十九讲,628 页。

主的人。木心后来却从这句话中悟出了文学之道:随大流的文学往往都是庸俗的。

《童年随之而去》中,"我"丢失了越窑碗,母亲说:"有人会捞到的,就是沉了,将来有人会捞起来的。只要不碎就好……这种事以后多着呢。"针对母亲所说"这种事以后多着呢",陈丹青问:"是真的还是虚构的?"木心回答:"半真实。"①母亲沈珍的影子与事迹蕴含其中不言而喻。后来木心总结自己的人生:"现在回想起来,真是可怕的预言,我的一生中,确实多的是这种事,比越窑的碗,珍贵百倍千倍万倍的物和人,都一一脱手而去,有的甚至是碎了的。"(《童年随之而去》)"这种事以后多着呢"并非人生的诅咒,而是母亲以自己的半世经历告诉木心:生活中的磨难与不顺是避免不了的,将来无论走哪条路,都要做好随时应对挫折与坎坷的准备。"文革"中的木心之所以不愿以死殉道,而是坚强地活下来,不辜负艺术的教养,正是对母亲之语的践行。

沈珍女士是位伟大的母亲!她的伟大,最主要体现于她对木心文学艺术之路的肯定与支持。

木心在少年时期就已经将文学艺术作为自己的终身追求。但这条路的艰辛非常人所能承受,正如木心所说:"你献身信仰,不能考虑伦理伦常关系。凡伟大的儿女,都使父母痛苦的。往往他们背离父母,或爱父母,但无法顾及父母。若希望儿女伟大,好的父母应承当伟大的悲惨。"②这种父母承受的"伟大的悲

---

① 《木心谈木心——〈文学回忆录〉补遗》,90页。
② 《文学回忆录》第七讲,92页。

惨"，沈珍也不是不知道，所以她对木心说："你志向对，可不是太苦了吗?"木心回答："是，只好这样。"①

按照通常的世俗人情来看，木心是对不住母亲的。这种"伟大的悲惨"，甚至包括献身艺术而孤独终身，就像法国大文豪福楼拜对他的情人所说："我知道你爱我，可是我的世界里只有概念，你能接受这些概念吗?"木心准备献身艺术，很可能意味着孤独终身(实际上他就是这么做的)，作为母亲，完全可以阻止儿子这样做。因为按照事理人情与传统思想，这种做法无可非议，毕竟在中国，"不孝有三无后为大"思想存在的土壤过于肥沃，母亲自然不能免俗。但出于对儿子的理解，沈珍还是没有反对木心的艺术追求。这样的母亲，是悲苦的，更是伟大的!

四

沈珍女士去世于1956年，她死于木心受迫害蹲监狱期间。木心曾经回忆家庭的变故和自己的悲痛："我小姐姐十五岁病死了，我们很好，很谈得来，小姐姐很美，手、脚，长得像古希腊人，后来母亲死了，姐姐也死了，办完丧事从殡仪馆出来，看到满马路的人都是立起来的人，在那里走路。"②尤其母亲去世，监狱里的木心竟然不知道，更没有送终的机会。在纽约人拍摄的纪录片中，暮年的木心几近哽咽："我哭得醒不过来。为什么不等我出去以后才告诉我呢，非要跑进来对我说'你妈妈死了。'"可

---

① 《文学回忆录》第七十六讲，970页。
② 《木心片断追记》，《木心逝世三周年纪念专号》，178页。

见木心对母亲的感情之深。木心晚年定居乌镇,人老了,容易怀旧,木心也不例外,但他怀念最多的人是母亲。他曾和陈丹青说起过六七回"上世纪三十年代他的母亲如何率领街坊扑灭大火的故事"①,可谓不厌其烦,从中可见木心对母亲的终生怀念。就沈珍女士的个人生平事迹而言,像她这样的女性,在近代中国可谓恒河沙数,但她对木心的影响,对木心的引导塑造,对木心艺术之路的支持,却不是一般女性所能做到的。没有沈珍女士,就没有木心的成就。这样的母亲,值得所有人铭记。

从木心与李梦熊的交往见木心的艺术境界与追求

关于木心与当代音乐家李梦熊先生交往的事例,陈丹青整理、木心口述的《文学回忆录》中有很多记载。20世纪60年代初,身处上海的木心与李梦熊交往甚密相谈甚欢,后来两人绝交后再无交集。陈丹青曾感慨:"木心几次叹息,说,你们的学问谈吐哪里及得上当年的李梦熊。""我现在推想起来,他们只有两三年的交情,可是此后,我跟木心整整二十九年,不到三十年,他几乎不停地在说他。我没有听到还有任何一个人他经常挂在

---

① 陈丹青:《守护与送别——木心先生的最后时光(上篇)》,《张弟与木心》,中国美术学院出版社2019年版,第12页。

嘴上。"①从陈丹青的话语中,我们可以看出李梦熊是一个自视甚高且木心非常推崇的人;木心推崇李梦熊,就在于李梦熊有着他人无法企及的"学问谈吐",和木心很能说得来。关于木心与李梦熊的交往,牛陇菲先生的《木心的朋友李梦熊先生》作了一定的说明,但该文将阐述重点放在对李梦熊生平事迹的钩稽上。实际上,详细解析《文学回忆录》中木心与李梦熊交往的种种事例,既可以看出时代背景对两人的影响,让读者明白在那样的社会环境下以艺术为生命的艺术家们生存的艰难,又可以从中看出木心的行事特征以及他的艺术境界与追求。

一

李梦熊,白族,老家在茶马古道重镇云南省大理白族自治州鹤庆县宋桂镇。生于1925年5月25日,卒于2001年11月8日,享年76岁。李梦熊音乐天赋极高,恃才傲物且放荡不羁,是当代歌唱家杨洪基的老师。李氏本为云南的富家大族,但李梦熊不善生计,为人处世不随流俗,又过于慷慨好施,"文革"中遭受迫害。平反后,因桀骜不驯,老年境遇悲惨,最终病逝于上海的亭子间,死后骨灰都无人认领。如此经历,令人唏嘘感喟!

李梦熊是何时与木心认识并交往的?木心1990年11月23日给陈丹青等人讲解《世界文学史·中国古代小说(二)》时曾

---

① 牛陇菲:《木心的朋友李梦熊》,《木心逝世两周年纪念专号:〈温故〉特辑》,82页。

说:"二十年前,我和音乐家李梦熊交游,他就想写《从徐光启到曹雪芹》。"①这里的"二十年前"究竟实指还是虚指?如果实指,木心就是1970年开始和李梦熊交往的。但此时木心正受迫害②,没有和李梦熊交往的条件。可见"二十年前"应当是虚指。牛陇菲先生认为是60年代初,具体时间应当是1962年李梦熊从受到冲击的兰州艺术学院回到上海之后。

李梦熊之所以和木心有共同话题,就在于他的志趣,他对西方文学、艺术的看法,都与木心一致。在认识木心之前,李梦熊已经精通多国语言,广泛涉猎西方文学了。当代学者刘铮曾说:"今年(作者注:指2019年)3月,我买了一本旧书,法文版的《马拉美诗全集》。5月,又在另一家店买到四本瓦莱里的著作,也是法文的。这五本旧书,之前为同一人所有,他在每本的书名页上都写了简短的中文题记,日期写的是1958年、1959年。想想看,那是什么年代?'大跃进'、人民公社、三年自然灾害……而这位先生在读马拉美和瓦莱里。读得深读得浅姑勿论,单讲品位,在那个时代当是一流的。这个人的名字叫李梦熊。""据李梦熊的学生们讲,李梦熊通英、法、德、意多种外语。他的学生孙克仁回忆,上世纪六十年代中期,曾从李梦熊学法语,读法国文学,其中就有瓦莱里的作品。在我得到的那五本法文书里,李梦熊分别题写'一九五八年十一月在兰州托与石购于上海'、'一

---

① 《文学回忆录》第三十四讲,435页。

② 1968年7月至12月,木心已经被上海静安公安分局关押,接受管制;一直到1970年7月,管制才撤销,但木心仍旧没有人生自由。见夏春锦《木心考索》14页。

九五九年一月在兰州托与石购于上海'、'一九五九年八月若梵赠我于南京'等语。"①

可见李梦熊对西方文学的痴迷,这种痴迷完全不顾时代的禁忌。在视西方文学为资产阶级腐朽思想的"大跃进"、人民公社、三年自然灾害的日子里,李梦熊冒着被批斗、挨打的危险苦读西方的经典。这些事情发生在他与木心认识之前。所以,1962年来上海,李梦熊遇到了同样对西方文学痴迷、推崇的木心,两个人自然一拍即合,谈起西方文学来没完没了。

究竟是什么原因使李梦熊对西方文学如此痴迷?不得而知。但木心痴迷西方文学,却是滥觞于抗战时期在乌镇"茅盾书屋"的广泛涉猎。木心曾言:"少年在故乡,一位世界著名的文学家的'家',满屋子欧美文学经典,我狼吞虎咽,得了'文学胃炎'症,……"②这里"一位世界著名的文学家的'家'"就是指茅盾家的"茅盾书屋"。陈丹青先生曾对"茅盾书屋"的书如此总结:"上世纪三十年代末,抗战初期,十三四岁的木心躲在乌镇,几乎读遍当时所能到手的书,其中,不但有希腊罗马的史诗、神话,近代以来的欧陆经典,还包括印度、波斯、阿拉伯、日本的文学。"③从《文学回忆录》来看,木心对西方文学的痴迷似乎超过了对中国传统文学的认知,这也是他能够和同样痴迷于西方文学的李梦熊投缘的重要原因。

木心后来回忆他和李梦熊:"我们总在徐家汇一带散步,吃

---

① 刘铮:《因借书而绝交的那个人》,《文汇报》2019年09月02日。
② 《海峡传声——答台湾〈联合文学〉编者问》,《鱼丽之宴》,25页。
③ 《文学回忆录》之《后记》,1093—1094页。

小馆子,大雪纷飞,满目公共车轮,集散芸芸众生……"皑皑白雪烘托着小饭馆的温馨宁静,隔绝了窗外"公共车轮""芸芸众生"的混杂喧嚣。此种意境,不由人不想起木心对狄更斯小说结尾的推崇:"狄更斯的小说结尾,失散或久别的亲友又在一起了,总是夜晚,总是壁炉柴火熊熊然,总是蜡烛、热茶,大家围着那张不大不小的圆桌,你看我,我看你,往事如烟,人生如梦,昔在,今在,永在……谁不思念狄更斯结局中那张不大不小的圆桌?"①现实与文学中意境的相似性正衬托出木心与李梦熊志趣的投合。

曹立伟先生回忆:"两人一起出去散步,李穿风衣,扣子不系,随风敞开,一手拎着装着咖啡的暖水瓶,一手拿着两只杯子,在街上边走边谈,累了坐下,喝咖啡。"这种放浪形骸的洒脱风度,获得了曹立伟"他和木心,真是魏晋人"的评价。

木心和李梦熊谈论的内容,涉及文学、艺术各个方面,谈论的话题主要集中于对西方文豪及其作品以及对一些文学流派的认识。两人初次见面,就谈论得昏天昏地。

初次见面,两人谈了一夜,没尽兴,留下来接着谈,一连谈了三四天,累极,也好像把人谈空了,分开几天再见面,再谈,李梦熊说:"你这两天是不是偷偷读新的书了?"木心承认。李梦熊又说:"是不是读了法兰克福的《文化形态学》啊?"木心只好又承认,然后立刻回击道:"你不是也偷偷读了吗?你不是读了列维·斯特劳斯的'冷社会''热社会'

---

① 《文学回忆录》第四十讲,532—533页。

吗?"李梦熊也笑,"中枪倒地"。①

以上内容,一方面可见木心与李梦熊志趣相投的程度,另一方面可见两人对西方文学的活学活用。木心和李梦熊都读了法兰克福的《文化形态学》与列维·斯特劳斯的作品,然后以此试探对方,考察对方,相互印证,彼此提高。可以肯定的是,在那个特殊的年代,读这些西方文学作品,绝对不能光明正大地进行,弄不好要被扣上大帽子。木心与李梦熊不顾时代禁忌,偷读这些书,可见他们对西方文学的推崇与热爱是外在环境压不住的,难能可贵。

从木心与李梦熊谈论的内容,可见木心的文学、艺术追求。

(一) 谈论卡夫卡

木心曾言:

> 从前我和李梦熊谈卡夫卡,其实都没有读过他,都是骗骗自己。来美国后只听港台文人卡夫卡、卡夫卡,家里还挂着他的像——我心中觉得情况不妙。一个人被挂在嘴上,总是不妙。②

木心和李梦熊当时都没有读过卡夫卡的作品,但对卡夫卡及其作品讨论得非常热烈,这说明他们对卡夫卡其人、其事、其作品的大致情节与文学特征起码有一定的了解,哪怕是模糊的认识。虽然后来木心以"骗骗自己"来自我安慰与解嘲,但也说

---

① 《木心的朋友李梦熊》,《木心逝世两周年纪念专号:〈温故〉特辑》,74页。

② 《文学回忆录》第六十九讲,852页。

明在20世纪60年代初期,木心和李梦熊已经对西方文学思潮心生向往了。虽然这种与当时中国特定的社会背景全然不合拍的举动只能暗暗发生,不能露出一点痕迹,但也说明此时木心很可能已经产生了为寻求艺术之路去域外的想法。

(二) 谈论"阿克梅派"及其代表性人物阿赫玛托娃

"阿克梅派",音译,出于希腊文"最高级",因此也被译为"高峰派"。说起这一派,"文革"前我和李梦熊的许多话题都是阿克梅派——其中成员很多,今天只讲阿赫玛托娃(1899—1966)。"文革"前我们一夜一夜谈她的作品,来美国后在电视里看见她,她的葬礼,是一身希腊白衣——①

由以上记载,我们可以得出以下推论:1. 木心和李梦熊谈论"阿克梅派"和阿赫玛托娃,都是在"文革"之前。而在当时,国人对国外文学大多认识不深;即便有些大城市里的文学爱好者对国外文学有所了解,也是模糊的、一知半解的。木心曾说:"我在上海时,有厂里的小伙子推荐《二十一条军规》给我看,告诉我说,还有意识流小说,王蒙不得了,写意识流小说——回想起来很有趣。他们认为我是'古典作家',时常考我,教导我,把当时那点可怜的文学信息告诉我,什么存在主义呀,意识流呀,还有所谓'推理小说'。"②对王蒙写意识流都感到不可思议,认为王蒙很了不起,可见国内文学爱好者对外国文学的隔膜之深,因为自普鲁斯特、乔伊斯、伍尔芙夫人开始,意识流作品在西方

---

① 《文学回忆录》第八十三讲,1059页。
② 《文学回忆录》第八十一讲,1034页。

20 世纪 60 年代的木心

早就趋于成熟并司空见惯了。国内文学爱好者虽然也知道"存在主义""意识流""推理小说",但都是夹生饭。与之相比,木心与李梦熊的思想是何等超前。

2. "阿克梅派"是木心和李梦熊谈论较多的话题。对于国外这种文学流派的成员与总体特征,木心和李梦熊应当是非常熟悉的。

3. 木心和李梦熊谈论最多的还是阿赫玛托娃及其作品。针对阿氏1946年被开除出苏联作家协会后"不甘沉沦,写诗,越写越大,写到死"的事实,木心联系自身遭遇说:"'文革'中,我第一信念不死。平常日子我会想自杀,'文革'一来,决不死,回家把自己养得好好的。"①这才有了木心于20世纪80年代前去美国寻求新的艺术世界并最终成为受人景仰的名家的故事。与木心相比,李梦熊对艺术环境过于悲观而彻底沉沦。李梦熊曾对木心说:"现在不是艺术的时代。"并由此封笔不再写任何东西,封笔时把自己的手稿都给了木心。木心也承认李梦熊"现在不是艺术的时代"的观点,但他的境界无疑要比李梦熊高出许多。"是的。但什么时候是?如果艺术家创作时是艰苦的,得到名利后才快乐,那我不做艺术家——我创作时已经快乐啦!名利如果有,那是'外快'。"②"任何时代都不是艺术的时代,但我还是要写。"③对艺术与艺术环境的看法以及面对困境的态度

---

① 《文学回忆录》第八十三讲,1060页。
② 《文学回忆录》第六十九讲,885页。
③ 《木心的朋友李梦熊》,《木心逝世两周年纪念号:〈温故〉特辑》,73页。

高下立判,这是两人最终艺术成就迥异的重要原因。

(三) 谈论"垮掉的一代"

"垮掉的一代"是20世纪50年代在西方世界兴起的一股文学思潮,主体是文学青年。木心认为这个文学流派的出现"其实是大战的后遗症,是人性崩溃的普遍现象。是外向的社会性的流氓行为、内向的自我性的流氓行为的并发症,既破坏社会,又残害自己"。

> 主要是文学青年。他们对既成的文明深恶痛绝,新的文明又没有,广义上的没有家教,胡乱反抗。我和李梦熊当时谈过这一代,其实不是"垮",是"颓废",是十九世纪的颓废的再颓废——当时资讯有限,来美国才知道是怎么回事,而且早过了。①

从以上记载足可以看出,虽然木心和李梦熊在当时对"垮掉的一代"看法一致,但因为"资讯有限",对"垮掉的一代"并没有实质性的了解。木心也是20世纪80年代到了美国之后才真正明白这个流派是怎么回事,始终身处国内的李梦熊对此恐怕就没有木心认识得深刻了。是否出国,也成为两人最终艺术成就迥异的决定性因素之一。

除了谈论文学,木心和李梦熊还谈论绘画。木心本就是画家,对绘画有独到见解,他的33幅转印画被耶鲁大学博物馆永久收藏可为明证。让人惊叹的是,木心对绘画艺术的见解竟然

---

① 《文学回忆录》第七十八讲,999页。

还能获得音乐家李梦熊的赞同。如 18 世纪英国大画家布莱克的画,获得法国大文豪纪德的高度赞美,木心就对纪德的观点表示了明确反对,并阐明了反对的理由。

纪德认为世界上有四颗大智慧的星,第一颗是尼采(举手赞成),第二颗是陀思妥耶夫斯基(举手赞成),第三颗是勃朗宁(手放下了),第四颗是布莱克(我摇手了)。为了这份名单,我几乎与纪德闹翻——布莱克的画,我以为不是上品,文学插图,我讨厌。米开朗琪罗变形,变得伟大;他的变形,是浮夸。他画中的梦境和意象,太廉价了。

倾向梦的艺术,我从来不喜欢。梦是失控的,不自主的,艺术是控制的,自主的。苏东坡读米元章《宝月观赋》后,说"知元章不尽",李梦熊听我谈到布莱克的画,也说"知足下不尽"。①

"知足下不尽",可见李梦熊对木心评价布莱克画的观点是赞同的、欣赏的。

木心和李梦熊谈论的国外文学与艺术潮流当然不止以上所论,像叶慈、瓦莱里、波德莱尔、伍尔芙等,都是两人讨论交谈的对象。这不仅显示出他们的文学艺术思想在当时的超前,而且两人对文学艺术的态度、了解程度以及由此显示出来的志趣,都有近似的地方。实际上,在和李梦熊认识之前,木心曾经因为和学生谈论托尔斯泰、莎士比亚等西方文豪而被学生检举揭发,被抄家、拘留审查,这在《同情中断录》中说得非常清楚。所谓"一

---

① 《文学回忆录》第三十五讲,456—457 页。

朝被蛇咬,十年怕井绳",木心应当小心谨慎,努力避免再次触及西方文学思潮、西方文豪及其作品,但遇到和自己志趣相投的李梦熊,木心"好了疮疤忘了痛",又"死灰复燃"了;并且和李梦熊谈论起来没完没了。可见木心身上流淌着永不停息的热爱艺术的热血,永不冷却,蜡炬成灰。

需要说明的是,李梦熊是著名音乐家,木心对西方音乐也情有独钟,但木心从没有说过自己和李梦熊谈论音乐的事情。联系两人的身份与爱好,音乐必然也是两人避不开的话题,可惜《文学回忆录》并没有记载。相对而言,木心对文学、艺术的态度更加纯正,李梦熊则较为悲观偏激,这最终导致两人的人生走势不同,结局也大相径庭。

三

木心还以自己和李梦熊的交往事例来阐述对文学、艺术观点的认识。如谈到"相对真实"与"绝对真实"的关系,木心就说:

> 需要相对真实,要尊重相对真实——我写作,一直是这个意思。但我不肯明说。在菜场买菜,前面一位老太太篮子里掉了一颗菜。我和李梦熊相顾笑笑。我说,别笑,我不会下流到去捡这颗菜。①

西方文学、艺术是木心和李梦熊交流的重点,但两人的交流

---

① 《文学回忆录》第八十一讲,1037 页。

并不局限于此,中国古典文学也是两人谈论的内容,尤其是对《红楼梦》和曹雪芹的服膺:

> 二十年前,我和音乐家李梦熊交游,他就想写《从徐光启到曹雪芹》。我们总在徐家汇一带散步,吃小馆子,大雪纷飞,满目公共车轮,集散芸芸众生。这时,中国大概只有这么一个画家、一个歌唱家在感叹曹雪芹没有当上宰相,退而写《红楼梦》。

> 结果他没写这篇论文,我也至今没动笔论曹雪芹。不久二人绝交了。友谊有时像婚姻,由误解而亲近,以不了解分手。

志趣投合的木心和李梦熊为什么绝交?这也是值得探讨的话题。表面上看,两个人是因为一本叶慈诗集闹翻的,但详加推敲,又不那么简单:

> 六十年代我外甥女婿寄来英文版《叶慈全集》,我设计包书的封面,近黑的深绿色,李梦熊大喜,说我如此了解叶慈,持书去,中夜来电话,说丢了。我不相信,挂了电话,从此决裂。①

陈丹青曾对以上记叙作了解读:

> 这是一段诚实的告白。注解一,木心的外甥女婿毕业于剑桥,五十年代在翻译家杨宪益麾下任职,故能以英语原版赠予舅舅。注解二,此事应在相对宽松的一九六一至一九六五年间,换在"文革",无疑是危险之举。注解三,《文

---

① 《文学回忆录》第五十四讲,694 页。

学回忆录》下册谈及"意识流""象征主义""超现实主义",波德莱尔、瓦莱里、伍尔芙、叶慈……是孙牧心所能探知的最后一批域外文学信息。注解四,如所有封闭年代的知识分子,李梦熊和孙牧心乃以民国时期的阅读底子,谈论他们此后"听说"并想象的欧美现代艺术:在李梦熊,可能是无调性音乐,在木心,即所谓"纯抽象"。①

丹青先生的解读切中肯綮。

其实,木心和李梦熊最终绝交,借书事件仅仅是导火索。之所以绝交,还有其他因素。

木心对叶慈极其推崇。木心认为叶慈是爱尔兰文学最杰出的人物,"叶慈是我少年时期的偶像,一听名字,就神往,这种感觉我常有,许多人也有。这道理要深究下去,很有意思——人有前世的记忆。"②在那个特殊年代,好容易才弄到偶像的诗集,被李梦熊借去后一句轻描淡写的"丢了"完事,木心实在受不了,绝交难免。这种绝交,归根结底还是出于偶像作品被他人占有后心理上产生的极大不平衡,体现出木心对艺术的极端真诚。

除了推崇叶慈的因素,木心与李梦熊绝交,还与李梦熊追求自己的外甥女有关。据木心的外甥女王奕回忆她的二姐姐王宁,"王宁那时在高桥中学读书,是学校里的校花。木心的朋友李梦熊时常去高桥找木心,李梦熊很喜欢王宁,还教她唱歌,三人经常一起散步,木心喜欢穿着风衣,显得很洋气。李梦熊还追求过王宁,送过不少礼物给她。但王宁不同意,说自己年纪还

---

① 《绘画的异端》,《张弟与木心》,138—139页。
② 《文学回忆录》第五十四讲,692—693页。

小。王奕说李梦熊后来和木心关系不好,可能也有这个原因。"①

这很可能是真实的。李梦熊追求王宁,别说王宁本人不愿意,就是木心对此也是很反感的。

首先,木心虽然和李梦熊在文学、艺术上很能谈得来,但对于李梦熊偏执的性格却颇有微词。他曾对陈丹青说过:"李梦熊的脾气是很那个的,有时让人下不了台的啊。"②李梦熊性格如此偏执,木心怎么可能将自己的外甥女放心托付。其次,木心对爱情有自己独到的看法,他从不认为年龄相距过大的男女之间能够产生爱情③。比自己年龄还要大的李梦熊(木心生于1927年,李梦熊生于1925年)和自己的外甥女恋爱,这也是木心无法接受的。第三,木心是个很迷信的人。陈丹青尚未发表的笔记中曾记载了一件事:李梦熊曾和木心说到后半生,说自己会潦倒街头。迷信的木心当时就认为必定言中,因为,"往往坏的容易言中,好的不易说中"④。木心怎么可能会将外甥女交给一个未来潦倒街头的人。

木心与李梦熊断交,牵扯其中的因素很多,但又是必然的。

两人断交后,就再没有见过面。木心对李梦熊一直念念不

---

① 《木心考索》,154页。
② 《木心的朋友李梦熊》,《木心逝世两周年纪念专号:〈温故〉特辑》,73页。
③ 杨大忠:《木心的爱情观》,《木心十七讲——〈温莎墓园日记〉解析》,北岳文艺出版社2020年版,261—267页。
④ 《木心的朋友李梦熊》,《木心逝世两周年纪念专号:〈温故〉特辑》,75页。

忘，都是出于对文学、艺术的一种执着，对现实中找不到像李梦熊一样能和自己对话的人深感失望。

陈丹青说："在当时，木心是悄悄地做文学家，但正业是学美术的，李梦熊的正业是学音乐的。可是你拿到今天来比，拣出任何一个学音乐、学美术的，怎么可能有这样的文学修养，这样的哲学修养，这样博览群书。"这可谓对木心和李梦熊高度、客观的赞美了。两个人最终结局不同，木心成了具有世界影响力的中文作家，李梦熊却在潦倒中悲惨死去骨灰无存。曹立伟先生说："李梦熊和木心都是汉子，李性急躁，疏于自保，终于毁灭；木心胆小，在永远失败的日子里忍耐，终于晚成。李梦熊没写成书，死了就死了，无录音的即兴演奏，乐止音绝；木心死了，却活在书里，像古希腊雕像，不用后人评价，照样永恒……"[1]诚哉斯言！

木心论张爱玲

木心非常推崇张爱玲，这在他的《飘零的隐士》中表现得特别清楚。关于张爱玲在文学史上的地位，木心毫不吝惜赞美之词："已凉天气未寒时，中国文学史上自有她八尺龙须方锦褥的

---

[1] 《木心的朋友李梦熊》，《木心逝世两周年纪念专号：〈温故〉特辑》，89页。

偌大尊荣的一席地。"①除了激赏其文学成就,张爱玲本人的处世态度、性格特征以及对现实态势的敏感也是木心钦敬不已的。

张爱玲特立独行,她年少成名,在日寇占领大江南北的特殊时期,在"孤岛"上海这个特殊的环境里,却是如鱼得水,闻名遐迩。

"成名要趁早呀。"

张爱玲这一声叫帘,当然是憨蛮逗人的,将谑无谑的诗经里的作风,她自己分明年纪轻轻已经成名。这一叫,使老大而无名者,青年而嗷嗷待名者,闻声相顾已太息。眼看《流言》出版,《传奇》又出版,书店里、报摊上,张爱玲,张爱玲,电影院门口,今日上演"不了情",主演:陈燕燕、刘琼,编剧:张爱玲……

年纪轻轻却以指点他人前途的口吻说出"成名要趁早呀",这似乎显出了张爱玲的得意、"嚣张"与不可一世,他人嫉妒是免不了的,碌碌无为者则只有羡慕的份。整个上海滩,到处都是张爱玲的作品与依据她的作品改编的电影。张爱玲的确风头够劲。

年纪轻轻在文坛就有了很高的成就与声望,张爱玲从不像传统知识分子一样谦虚谨慎,而是我行我素特立独行。"就是这个张爱玲真会穿了前清的缎袄,三滚七镶盘花纽攀,大袖翩翩地走在华灯初上的霞飞路上,买东西、吃点心,见者无不哗然,可

---

① 木心:《飘零的隐士》,《同情中断录》,翰音文化事业股份有限公司1999年版。本节中所引材料,如果不加注释,皆出自此文。

乐坏了小报记者。"

张爱玲的举动大有孤标傲世的清高与随性自适的坦荡,这一点深得木心之心,并且两人在这一点上非常相似。据铁戈《木心上海往事》记载,从木心考入上海美专开始,他在上海逐渐有了固定的朋友圈。

> 木心进到这一朋友圈后,每次聚会,总是穿着出众,不是西式夹克,就是高领风衣,风度翩翩,相比之下,其他朋友们在穿着上都很质朴,绝大多数都循规蹈矩,而木心始终在形象上显得格外引人注目,确有天外来客的风度,为众友倾服。①

新中国成立后的文艺界,穿着都是很质朴的,木心的西式装束迥异他人,与张爱玲在霞飞路上穿着前清缎袄招摇过市有异曲同工之处。就特立独行的特质而言,木心与张爱玲的确非常相似。

张爱玲与"孤岛"时期的上海是相互成就的,她的很多作品,写出了旧上海遗老遗少在风云动荡时期的末世悲歌。正如木心所言:"她是乱世的佳人,世不乱了,人也不佳了——世一直是乱的,只不过她独钟她那时候的乱,例如'孤岛'的上海,纵有千般不是,于她亲,便样样入眼。"②张爱玲"独钟她那时候的乱",是因为上海的"乱"给予她写不尽的创作素材,这正是众多文学题材中的另辟蹊径。所谓"乱世中的佳人",必得先有大上海的"乱世",然后才能成就写作"乱世"生活的"佳人"张爱玲。

---

① 《木心上海往事》,第7页。
② 《向晦宴息》,《素履之往》,149页。

就题材而言,张爱玲的作品是狭隘的,却是对大上海世俗生活的真实描绘与再现。

木心推崇张爱玲,还因为木心与张爱玲一样,对旧上海的生活具有无法改变的情愫。他的《上海赋》,将过去上海的世俗生活描绘得五光十色、斑驳陆离而又栩栩如生,可与张爱玲笔下的上海生活相映成趣。一旦时过境迁,又对大上海的变化无法接受,这与张爱玲离开了上海生活就才情下降是同一个道理。于是,"未成曲调先有情""到底我不是格林卡""阿Q别来无恙""女人世界男人天下""十里洋场不见洋""路有路的命运""心有千千高楼结""时装的海洋""中看不中吃的美食""民以住为天""沪道更比蜀道难"就成为木心《上海在哪里》文中的遗憾。

张爱玲作品取材的方向也是木心赞赏的,虽然木心也知道这样取材的局限性。

> 她的文学生命的过早结束,原先是有征兆可循的,她对艺术上的"正"与"巨"的一面,本能地嫌弃,而以"偏"和"细"的一面作为她精神的泉源,水是活的,实在清浅,容易干涸了。喜欢塞尚的画,无奈全然看错,其不祥早现如此。

嫌弃"'正'与'巨'的一面",求"偏"求"细",即张爱玲的作品不符合社会主体意识,摒弃宏大题材,在社会大潮流的夹缝中描写红尘俗世的喜怒悲哀酸甜苦辣。这与木心的文学观点有相似性。木心曾说过他的作品从来不写战争、美人与爱情。这也是对文学史上常见题材的背弃,目的在于求新求变。

但木心对张爱玲作品的局限性也看得非常明白:才气太盛,难免过犹不及。

……但也有一位翻译家在赞赏之余认为张爱玲的危机正在于才气太盛,要防止过头而滥,此话允推为语重心长,然则张爱玲之轰动一时,以及后来在港台海外之所以获得芸芸"张迷",恰好是她的行文中枝枝节节的华彩隽趣,眩了读者的目,虏了读者的心,那么这位翻译家的话说错了么,没错,张爱玲在小说的进程中时常要"才气"发作,一路地成了瑕疵,好像在做弥撒时忽然嗑起西瓜子来。当年的希腊是彩色的,留给我们的是单色的希腊。艺术,完美是难,似乎也不必要,而完整呢,艺术又似乎无所谓完整——艺术应得完成,艺术家竭尽所能。张爱玲的不少杰作,好像都还没有完成,也不知怎么办才好。

　　张爱玲作品中的才气,主要体现于"行文中枝枝节节的华彩隽趣",正是这些"华彩隽趣"深得读者之心。但过多呈现才气往往会在他人尤其同行眼里显得不可一世的炫耀,难免遭人嫉恨;同时,"才气"过露的瑕疵也会阻碍作品思想的深刻,而这些缺陷似乎又是张爱玲摆脱不了的。所以,木心评价张爱玲的"不少杰作","好像都还没有完成,也不知怎么办才好",即达到一定成就后风格固化,似乎没有提高的可能了。这种评价应当说不偏不倚,公允客观。

　　最深为木心推崇的,还在于张爱玲对时事的敏锐感和及时抽身的干脆举动。

　　张爱玲非常推崇李商隐名句"星沉海底当窗见,雨过河源隔座看",时事的大变动犹如"星沉海底""雨过河源"。张爱玲冷眼旁观,由开始抱有期望,发展到冷静思索直至义无反顾地离开。

身处沦陷区的张爱玲,当然明白自己的成功带有侥幸,甚至带有负面性;她也不相信所谓"大东亚共荣圈"会永远持续下去,加上自己和时人眼里的汉奸胡兰成的交往,她必然会考虑自己的前途在哪里。国民党倒台后,起初张爱玲还认为:"来日时事变了,人人都要劳动,一切公平合理,我们这种人是用不著了。""只要我们勤勤恳恳去做切实有用的事,总还可以活得下去的。"这种想法,木心评价为"幼稚",不过这种幼稚绝非张爱玲一人,"当年罗曼·罗兰、纪德一度也只有这点理解水准,各秉虔诚,矢言放弃旧信仰而皈心低首于新的人类福音。"其实,就木心本人来说,年轻时何尝没有"幼稚"过,不过现实告诉他这种"幼稚"是立不住脚的。

张爱玲起初还不想离开上海这个成名的地方,但她出席过一次沪地作家的会议后,想法就变了。张爱玲本能地发觉自己与这个世界是格格不入的。于是,离开成为必然。

张爱玲将世界比作"交响乐",认为"交响乐像是个阴谋",世界充满变数。为避祸,她不惜从文坛抽身而出。木心对此毁誉参半。首先他认为这是明智之举,因为"文学家各有其写作的黄金期,火候未到下笔无神,期限一过语无伦次,都是'文昌''魁星'的账目,江淹郭璞毋须任其咎"。就张爱玲而言,离开旧世界的上海,就等于离开了她创作的源泉之地,她的才情就此枯竭是不可避免的。所以,张爱玲"与世相遗,绝不迁就,无疑是高贵的",才情枯竭是必然代价。

但是,木心对张爱玲退隐之举又感到惋惜与遗憾。张爱玲为人耿介,不苟活于世,却忘了"有耿介,就有青春在"的道理,她完全可以另辟蹊径写下去。可是张爱玲却"隐于隐",即在隐居的地方彻底隐居。虽然张爱玲离开大陆后写作依旧,但她的作品因为仍旧脱不了大上海的背景,在水平上已经无法提升。木心认为张爱玲完全可以"隐隐而不隐于隐"——即便隐居也可以通过创作出脱离大上海背景的文学作品宣告自己的存在。可惜,她没有这样做,她的笔下,仍旧只有大上海。

离开大陆,张爱玲的确心如止水,"张爱玲寂静了,交响乐在世界各地演奏著",生活依然在持续,世界仍旧乱哄哄,世道并不因张爱玲的隐居而改变。一代乱世佳人"总也能独力挡住'若是晓珠明又定',甘于'一生长对水精盘'"——张爱玲的隐居,是彻底的。

木心偏爱张爱玲,他曾说:"读鲁迅、张爱玲,即使不尽认同,也总是'自己人'之感。""一个鲁迅,一个张爱玲,都是懂得调理文字的人。"[1]将张爱玲与鲁迅并列,认为张爱玲是"自己人""懂得调理文字",可见张爱玲在木心心中的分量以及木心对她的作品评价之高。张爱玲曾说:"孤独的人有他们自己的泥沼。"这句话比遥远的尼采更能贴近木心,"张爱玲是一诚实的孤独者。'孤独的人有他们自己的泥沼。'而每位孤独者都在这泥沼中挣扎,悖论中生存。木心也不例外。"[2]又可见张爱玲与木心在人世的共性——"孤独"。木心对张爱玲的偏爱也为后人认识,陈丹青就说:"即便现在我仍然没有见过能与其(作者注:木心作品)比肩的东西,大概只有四十年代的张爱玲除

---

[1] 《木心上海往事》,278—279页。
[2] 《木心上海往事》,283页。

外。木心自己都承认和张爱玲有互通之处,而他按辈分实际上也正是张爱玲时代的人。"①

木心论鲁迅

作为文学巨擘,鲁迅一直受到木心的推崇与尊敬。在很多场合与作品中,木心都多次提及鲁迅,这在《文学回忆录》中展现得特别分明。鲁迅1936年10月去世时,木心才十岁;1946年10月19日,"鲁迅逝世十年纪念大会"在上海辣斐大戏院举行,木心前往参加;同年11月25日,木心又和上海美专的同学一起前往郊区的万国公墓瞻仰悼念鲁迅并且在墓地留下合影②。这些都表明木心对鲁迅的尊敬态度。但是,就像木心在《塔下读书处》文中记载自己初见茅盾时对其采取平视态度一样,木心对鲁迅也绝非盲目推崇,他对鲁迅的思想与作品也有很多批评,有时甚至很尖锐。这就使他对鲁迅的评价显得理性而客观。

2006年木心隐居乌镇,极少接受媒体采访,但是,他却为《南方周末》写了一篇深沉缅怀鲁迅先生的文章《鲁迅祭——虔诚的阅读才是深沉的纪念》,本文的结尾句是:"大哉鲁迅,五四一人,凡爱读鲁迅文者都可能成为我的良友。""五四一人",可谓对鲁迅先生推崇备至了。

---

① 《木心上海往事》,73—74页。
② 《文学的鲁滨逊:木心的前半生(1927—1956)》,117—123页。

一、木心与鲁迅的异同

关于木心与鲁迅的关系,陈丹青看得非常清楚。2013 年《新周刊》的记者曾问陈丹青:"有人会拿鲁迅和木心做比。"陈丹青回答:"论练达、老成、语感,是会想起鲁迅那代文气。但木心的命运和语境跟鲁迅截然相反。鲁迅跟时代的关系太清晰,一出道就赢得时代,后来他跟时代闹别扭,也是那个时代的戏份之一。木心没有,一点都没有。六年前他在大陆出书后,才和这个时代有了一丁点传播关系。他会关注读者的反应,但他置身事外。当时不少媒体、大学邀请他,他完全可以投稿,上电视,做讲演,至少跟大家见见面,但他不。他永远躲着。"①

陈丹青认为"鲁迅跟时代的关系太清晰,一出道就赢得时代",这种观点与木心的看法一致。木心在《鲁迅祭》中也说:"有一点始终令我惊诧的是,鲁迅的文章,上来就是成熟的,苍劲的,《狂人日记》《阿Q正传》一发表,真有石破天惊之势……"与鲁迅"一出道就赢得时代"的辉煌不同的是,木心作品直到 2006 年——木心的迟暮之年——才在国内陆续出版,直至 2011 年木心去世,除了读者范围逐渐扩大,学术界对木心仍旧不甚注意。这对木心似乎不太公平。

陈丹青也注意到木心与鲁迅的相似性:"他跟鲁迅很像的,随便什么事情,他早有一句话等在那里,你看了那句话,你也别

---

① 陈丹青:《请给木心先生起码的尊重》,《新周刊》2013 年 2 月 15 日第 389 期。

说了,他已说透了。除了鲁迅,他是唯一我见到的作家,你选不完他的句子,太多了。"并且陈丹青多次说到木心谈论鲁迅的事:"我看人,顶顶在乎才华,何况他是木心,金贵的人——有一次我俩又谈起鲁迅,他送我下楼时说:'这般赤佬哪里是鲁迅的对手,人家鲁迅是星宿下凡哩!'""他在乎文体,在乎天分。照他说法,五四后,一个鲁迅,一个张爱玲。我问沈从文怎么样?他说:'好的,很会写的,聊备一格。'这话其实很中肯,'聊备一格'不是贬义。"①木心真正推崇的五四作家只有鲁迅和张爱玲,在他眼里,沈从文是比不上以上两人的。

木心对鲁迅和张爱玲尤其对鲁迅的推崇也被木心的其他朋友所知晓,如铁戈先生说:

> 尽管木心并不仰慕鲁迅,但对鲁迅仍有许多偏爱,有时不加掩饰。木心曾说:"读鲁迅、读张爱玲,即使不尽认同,也总是'自己人'之感。"
>
> "近当代,我最喜欢的还是鲁迅的文字,除了他的社会意义和历史意义,他的文字是非常美妙的。你可以不信宗教,但不妨碍你欣赏欣赏。一个鲁迅,一个张爱玲,都是懂得调理文字的。"
>
> 木心欣赏鲁迅,也因他欣赏鲁迅肯定且提倡的:"非有天马行空似的大精神即无大艺术的产生。"②

木心与鲁迅有相似的地方,但更多的还是迥异之处。陈丹

---

① 《请给木心先生起码的尊重》,《新周刊》2013年2月15日第389期。

② 《木心上海往事》,278—279页。

青曾特意提到一件事:"在木心去世的追思会上,一位读者:'我们有鲁迅的传统,周作人的传统,胡适的传统,张爱玲的传统,但是木心和他们都不一样。'"①这位读者应当是木心的虔诚阅读者,他的结论应当是很多读者的共同看法:和所有人都不同,木心是独特的那一个!

二、木心对鲁迅的尊敬与推崇

在木心眼里,鲁迅文笔好,文学成就极高:"鲁迅的文学,无疑是五四以来第一人。"②"新文学,最好的还要数周氏兄弟……"③陈丹青曾说:"《文学回忆录》提及的中外作家,木心都喜欢。他的课目中没有五四新文学,但私下与我说起,顶佩服周氏兄弟,也欣赏张爱玲,还有台湾的高阳。"④也就是说,现当代作家在木心眼里,鲁迅始终是排在第一位的。

就鲁迅的具体作品而言,木心也曾多次提及并发出赞叹:"从1891年到1991年,有什么文学?《子夜》?《家》?《金光大道》?《欧阳海之歌》?不能比。比较起来,只有《阿Q正传》。

---

① 《守护与送别——木心先生的最后时光(下篇)》,《张弟与木心》,69页。
② 《文学回忆录》第五十三讲,681页。
③ 《晚年木心先生谈话录》,《木心逝世两周年纪念专号:〈温故〉特辑》,259—270页。
④ 何晶、陈丹青:《木心使我洗去一点野蛮的根性》,《木心逝世三周年纪念专号》,206页。

可惜质薄量少。"①可见木心几乎将《阿Q正传》列为中国近现代以来的第一文学作品。木心还曾极力称赞鲁迅小说《在酒楼上》,"他写雪,写得多好!"②对鲁迅的《中国小说史略》,木心也认为"鲁迅的《中国小说史略》,评得很中肯。"③

除了小说、小说史,木心对鲁迅的其他文体也充满赞叹:"写序,是该比自己高得多了,有一种快感。鲁迅,我最喜欢看他的序、后记。很见性情,很见骨子。"④"今文、古文,把它焊接起来,那疤痕是很好看的。鲁迅时代,否认古文,但鲁迅古文底子好,用起来还是舒服。"⑤鲁迅的序、后记以及鲁迅对古文的娴熟运用,让木心叹服。

至于和鲁迅打笔战的那些文人,木心充满不屑:"有一老头有意思,说自己曾参加围攻鲁迅,鲁迅回击,只一句,就将我一枪刺于马下,老头说时津津乐道、非常享受的样子,这个人还是可爱的。另一老头,退休了,有空读点东西了,包括载有与鲁迅笔战的报刊文章,看了后,说,那些打笔战的人,没一个是鲁迅的对手,差远了,这老头还是有点眼力的。"⑥凡是和鲁迅打笔战后甘拜下风的人,木心认为他们还是"可爱的""有眼力的",具有自知之明,因为水平和鲁迅相差太远,和鲁迅打笔战无疑是要输的。木心在《鲁迅祭——虔诚的阅读才是深沉的纪念》一文中

---

① 《文学回忆录》第三十八讲,489—490页。
② 《张弟与木心》,24页。
③ 《文学回忆录》第五十二讲,674页。
④ 《木心谈木心——〈文学回忆录〉补遗》,182页。
⑤ 《木心谈木心——〈文子回忆录〉补遗》,5页。
⑥ 《木心片断追记》,《木心逝世三周年纪念专号》,180—181页。

说:"……但我总是为他叫屈,先生用不着与此辈歹徒耗费时间精力,他们实在不配与鲁迅论战的。"

鲁迅的文体对木心也有着一定的影响,刘道一先生认为:"如果我们比较细地区分,在木心比较诗意跟'天真'的部分之外,他还有他非常重视的作家,就是鲁迅——他们都是浙江人嘛,他本人非常推崇鲁迅——影响他的那一面,那比较明确地在文类上的体现,就是他的'答客问'这个文体。"①鲁迅"答客问"文体对木心的影响是很明显的。

除了文学成就在现当代文学史上无人可及,木心还认为鲁迅极有风骨,这是他对鲁迅的至高推崇,也是木心将鲁迅引为同道的最主要的理由。2005 年木心回国后,对人说自己是"绍兴希腊人",这其实是有根据的。"希腊",是指他和西方文明的渊源;强调"绍兴"而不说"乌镇","除了指明那是他的祖籍,还有一层意思:他和鲁迅、秋瑾一样,都是'有骨江南'文化的代表。"②木心在美国给陈丹青等人授课时也说:"没有一个时代不向往豪侠,秋瑾、鲁迅,都应列为豪侠,在座诸位也不乏豪侠在。"③"鲁迅是战士,蔡元培是教育工作者。"④"有骨江南""豪侠""战士",正说出了鲁迅的铮铮铁骨和为了真理永不妥协的精神。

---

① 《听杨泽谈木心——"文学往事"口述系列之二》,《木心逝世三周年纪念专号》,160 页。

② 童明:《张之洞中熊十力,齐如山外马一浮——从木心的一副对联说起》,《木心逝世三周年纪念专号》,95 页。

③ 《文学回忆录》第二十九讲,361 页。

④ 《文学回忆录》第五十二讲,674 页。

木心对现实极其失望,这表现于多方面,鲁迅充满战斗力的杂文现今无人问津就是木心的失望之一:"海上的灯塔一定要有高度,不能低于水面,而且一定是固定不动的,不能游来游去。我看鲁迅杂文,痛快;你们看,快而不痛;到下一代,不痛不快——而今灯塔在动,高度不高,其间不过一百年。"①将鲁迅先生比作有高度的灯塔,他的战斗杂文让人看了心生奋斗的信心与勇气;这些杂文在今人眼里却成了"不痛不快"的无价值之物,怎能不让人伤感失望。

人性的裂变与堕落是鲁迅杂文无人问津的原因,当今时代就算鲁迅在世,也是无法挽救的。

木心对鲁迅的尊敬还体现于在方方面面都用鲁迅先生来打比方,如"文学,除了读,最好是写作。日记、笔记、通信,都是练习。但总不如写诗写文章好。因为诗文一稿二稿改,哪有把自己的日记改来改去的?鲁迅写——喝豆浆一枚,八分钱——那么当然八分钱,有什么好改的。"②木心《塔下读书处》说到自己少年时,"十四五岁,不幸胸腹有疾,未能奔赴前线,听那些长于我健于我的青年们聚在一起,吹口琴,齐唱'五呼月的鲜花,开遍了原唉野,鲜花啊掩盖着志士的鲜血……'觉得很悲壮,又想,唱唱不是最有用,还是看书吧。"之后木心评论说:"唱词中加入'唉''啊',有味道,莫名其妙。鲁迅也加的。"③再如《湿点心》:"由于儿时吃惯'炙糕担',一见糕团就显出情分来。鲁迅

---

① 《文学回忆录》第四十八讲,620 页。
② 《文学回忆录》之《最后一课》,1071 页。
③ 《木心说木心——〈文学回忆录〉补遗》,31 页。

也是喜爱糕团的。"

正因为对鲁迅充满尊敬,木心曾准备写一篇《鲁迅论》。"将来我要写两个人,鲁迅和毛,题目是《鲁迅论》和《论毛泽东》,不是什么收集资料啊什么的,不需要的,都已经有了,也许哪天早上起来,冲完澡后,一下子就写出来了。"①遗憾的是,这项计划最终没有成行,木心后来所写的《鲁迅祭——虔诚的阅读才是深沉的纪念》与计划撰写的《鲁迅论》究竟是不是同一部作品,后人也不得而知了。

三、木心对鲁迅的批评

木心对鲁迅充满尊敬是事实,但也不是盲目崇拜与吹捧。木心对鲁迅也有很多批评,有的批评甚至很尖锐,这也反映出木心的文学观与艺术观。就像木心曾将王尔德、罗曼·罗兰、雨果、萨特等人的局限性揭示得入木三分一样,木心对鲁迅的局限性的批判有时也毫不留情。

(一)对鲁迅个人性格的批判

所谓树大招风,加上刚正不阿,敌人往往向鲁迅先生射来暗箭,对此,鲁迅必定反击。很多文人都和鲁迅论战过,鲁迅则以尖利的笔触进行回应。在木心看来,这实在是不必要的:"鲁迅啊,太在意他骂的那些人了,他自己也知道自己远远高于那帮

---

① 《木心片断追记》,《木心逝世三周年纪念专号》,171 页。

人,但还是骂个不停,太看得起他们了,没办法,是他性格的原因。"①"知识学问是伪装的,品性伪装不了的。鲁迅,学者教授还没看清楚,他就骂了。"②对论敌来者不拒——应战,这是鲁迅的"品性"使然。在木心看来,对那些试图通过和鲁迅论战抬高自己或出于阴险目的而对鲁迅恶语相向的小人物,实在没有必要进行回应。鲁迅则有敌必应,实在是沉不住气,这是木心对鲁迅的批评。想想也是,木心晚年隐居乌镇"晚晴小筑",文学、艺术界对他的各种负面评论数不胜数,可木心从来就是"任它风吹浪打,我自岿然不动",从不进行辩解与反驳,甚至连了解文坛动态的兴趣都没有,而是安心颐养天年,通过创作自得其乐。自己的文学、艺术作品究竟有无价值,留给后代去评价,不必在乎眼前的负面因素。

(二) 对鲁迅人生观的批判

众所周知的是,鲁迅先生先是学医,后弃医从文,试图以此改变中国人的愚昧麻木。这就是鲁迅的人生观。而这种人生木心是否定的。木心认为,中国近代的大思想家,当然也包括鲁迅,"想的都是如何救中国,中国的国民性是什么,等等。但是,战后西方人的大问题——什么是人的存在?人在世界中占何种地位?人应当如何看待世界——这些思想家很少想得到。"

鲁迅在《狂人日记》中呼吁"救救孩子",这是他信奉文学救

---

① 《木心片断追记》,《木心逝世三周年纪念专号》,180—181 页。
② 《文学回忆录》第四十一讲,543 页。

国的基本任务。结果呢?完全失败。失败的原因何在?

一句话,我老是讲:宇宙观决定世界观,世界观决定人生观,人生观决定艺术观、政治观、爱情观……但是中国的政客是从政治观出发,决定人生、世界、宇宙观,然后拿来为他们的政治观服务。

可是老庄就是从宇宙观开始一路决定下来的。

鲁迅他们,是从人生观半路杀出来的,世界观不成熟,更没有宇宙观。他们往往容易为政治观说服,拉过去。①

木心将鲁迅文学救国失败的原因上升到哲学层面来解释,认为思想的历程应当是宇宙观—世界观—人生观—艺术观、政治观、爱情观……,这也是老庄思想能够永垂不朽的重要原因;而鲁迅他们则本末倒置,由人生观出发进而思考世界观和宇宙观,这本来就是不合理的,何况鲁迅的人生观也存在问题:"鲁迅真的是为人生而艺术吗?他的人生观还是比较狭隘的。他对人生的回答,还是比较起码的。"②这就是鲁迅试图以文学救国必将遭受失败的哲学根源。

木心在多个场合讲到过鲁迅文学救国的局限:"靠文学艺术来解决社会问题,开始就打错算盘。我从来不想靠笔济世救人。鲁迅,论文学改造国民性,完全失败。"③"鲁迅看港台文学,会喜欢吗?要骂的。可是鲁迅要救的孩子,喜欢三毛。鲁迅把

---

① 《文学回忆录》第七十一讲,906页。
② 《文学回忆录》第四十一讲,546页。
③ 《文学回忆录》第五十三讲,681页。

希望寄托在未来,这就是他的未来。"①木心认为鲁迅试图靠文学艺术来解决社会问题的设想及努力,是失败的。所以,鲁迅先生的想法与讲法过于"老实":"'五四'以来,几乎决计可称是独一无二的那位智者,对于'黑暗'和'光明',及'黑暗'与'光明'之关系,在想法和讲法上,他也未免老实到像火腿一样。"②

(三)对鲁迅多重身份的否定

木心从不认为鲁迅是真正的大人物、思想家。"大人物。经历弥漫,观察精密,力量沉重。中国没有这样的人。鲁迅是战士,蔡元培是教育工作者。"③"中国没有这样的人",这就排除了鲁迅。"真正的思想家完全独立、超党派,中国没有",原因在于"在中国,儒家意识形态深深控制着中国人的灵魂。梁启超、章太炎、胡适、鲁迅,都曾反孔,最终还是笼罩在孔子阴影里。中国的集体潜意识就是这样的,奴性的理想主义。总要找一个依靠。"④每个中国人都深受儒家意识形态的影响,思想中都笼罩着"孔子阴影",鲁迅也不例外。这种集体潜意识,决定了鲁迅不可能彻底接受外来先进思想;即便接受,往往也中途而废。例如鲁迅对尼采的接受就是如此:"鲁迅早年受尼采启示,他的才华品格也合乎尼采,后来半途而废,晚年鲁迅,尼采的影响完全

---

① 《文学回忆录》第七十三讲,930页。
② 《寒砧断续》,《即兴判断》,66页。
③ 《文学回忆录》第五十二讲,675页。
④ 《文学回忆录》第四十九讲,627页。

消失。为什么？儒家思想势力太大。"①

木心也不认为鲁迅是"够分量"的评论家。

"五四"以来，中国够分量的评论家一个也没有啊！出了一个战士，鲁迅先生，出了一个教育家，蔡元培先生。没有评论家，苦在哪里呢？是直到现在，不是谁好谁坏的问题，而是什么是好什么是不好的问题，都没有弄懂。

鲁迅没有担当这些，热心于枝枝节节，说得再好，还是枝枝节节。让鲁迅评论，他也担当不起来。……鲁迅在文学上缺乏自己的理论，也缺乏世界性的艺术观。谈绘画，谈到木刻为止。对音乐，鲁迅从来不谈。②

应当说，木心对评论家的要求实在太高了。他认为鲁迅之所以不是评论家，就在于以下原因："热心于枝枝节节"，没有宏观系统的眼界与理论。鲁迅没有写过长篇小说，因而不能在宏大作品中以一条或多条完整的思想主线一以贯之。

他的中短篇作品，无论小说、散文、诗歌还是杂论，都是针对某一具体问题而发，一文对一事或一现象。这就是木心所说的"枝枝节节"。这种现象的确体现不出系统的文学理论与文学主张，加上鲁迅缺乏"世界性的艺术观"，无论绘画还是音乐，都有缺陷甚至对此完全隔膜。这就决定了鲁迅不会成为真正意义上的评论家。

---

① 《文学回忆录》第十三讲，166 页。
② 《文学回忆录》第五十七讲，738 页。

(四)对鲁迅文学作品与文学思想的批评

就鲁迅的文学作品与文学艺术思想而言,木心也认为局限非常明显。首先,木心认为鲁迅作品的描写范围狭隘,仅仅局限于国内而不能延伸出国门。"中国人地方性的局限,在古代是不幸,至今,中国人没有写透外国的。鲁迅几乎不写日本,巴金吃着法国面包写中国。当代中国人是中国乡巴佬。中国人爱说'守身如玉',其实是'守身如土'。"①"守身如土"就是说中国人的写作范围都局限于国内,鲁迅也是如此,不像莎士比亚写遍整个欧洲。所以,鲁迅的作品不具有世界性的意义,"鲁迅比较国民性,三十年代性"②。"鲁迅的大量讽刺文,对象太具体,今日没有人看了。"③

其次,鲁迅对一些文学巨匠及其作品的评论,木心也很不赞同。如短篇小说巨匠契诃夫的小说,鲁迅评之为"含泪的微笑",被木心讥讽为"中学水准":"我以为,文学不需要含泪,也不需要微笑。"④鲁迅针对陀思妥耶夫斯基的评论,最为木心所否定。陀氏是木心极为佩服的俄罗斯文豪,他的作品显示出的人性深度令木心震惊不已:"在世界可知的历史中,最打动我的两颗心,一是耶稣,一是陀氏。"⑤木心第一次阅读陀氏的《穷人》,几乎惊叫:"我第一次读完《穷人》,也叫起来。要从近代的

---

① 《文学回忆录》第二十六讲,320 页。
② 《文学回忆录》第三十六讲,463 页。
③ 《文学回忆录》第三十五讲,445 页。
④ 《文学回忆录》第五十一讲,657 页。
⑤ 《文学回忆录》第五十讲,646 页。

几位文学大人物中挑选值得探索的人物,必是陀思妥耶夫斯基。而当时真正理解他的人(指文学家)很少。别林斯基受不了他对人性的剖析的无情。后来的高尔基以为陀氏是恶的天才,中国则由鲁迅为代表,认为陀氏是残忍的。"①

鲁迅认为陀氏是"残忍"的,出自他的纪实散文《忆韦素园君》:"壁上还有一幅陀思妥也夫斯基的大画像。对于这位先生,我是尊敬,佩服的,但我又恨他残酷到了冷静的文章。他布置了精神上的苦刑,一个个拉了不幸的人来,拷问给我们看。现在他用沉郁的目光,凝视着素园和他的卧榻,好像在告诉我:这也是可以收在作品里的不幸的人。"鲁迅对陀氏的态度很复杂,既"尊敬",又"佩服",同时又有怨恨,怨恨的原因就是陀氏作品对人性的展示使读者感到冷酷、残忍。鲁迅对陀氏的判断木心不能接受:"要去评价一个伟大的人物,你自己是怎样一个人物?这是致命的问题。尼采,纪德,一看之下,就对陀氏拜倒。尼采说,陀氏是'在心理上唯一可以教我的人'。"②言下之意,伟大作家的作品内涵,唯有其他伟大作家才能做出客观评判。在木心眼里,尼采、纪德都是要超过鲁迅的,他们对陀氏的崇敬和评价显然更客观、科学、理性;鲁迅对陀氏作品的评价,是肤浅的,浮于表面的,因为鲁迅"才不如陀氏、托氏(作者注:托尔斯泰)高。鲁迅的诗和哲学的底子不够,写不成长篇"③。

应当说,木心对鲁迅评价陀氏的看法是存在偏颇的。鲁迅

---

① 《文学回忆录》第五十讲,644 页。
② 《文学回忆录》第五十讲,644 页。
③ 《文学回忆录》第五十一讲,663 页。

之所以认为陀氏"残酷",是他认为好友韦素园一生的惨恻凄苦可以和陀氏笔下遭受人性扼窒的苦命人物相提并论,由陀氏画像就会想到陀氏的作品,由陀氏作品就会自然联想到韦素园的悲苦一生。所以说,鲁迅对陀氏作品的"恨"出自对韦素园悲苦一生的悲悯,间接反映出他对朋友的深切同情与关心,绝非鲁迅对陀氏作品欣赏不来而给予差评。木心显然误解了鲁迅的意思。

最后,木心对鲁迅具体作品中的观点也持怀疑态度,或认为言不及义,或认为没有点中要害。这具体体现于他对鲁迅《魏晋风度及文章与药及酒之关系》一文的看法:

> 我认为,魏晋风度,就在那些高士艺术与人生的一元论。这一点,世界上其他国家、民族的艺术家似乎都没有做得彻底——这也算我的新发现。所以,真想与鲁迅先生谈谈。他在厦门大学的讲演,《魏晋风度及文章与药及酒之关系》,真称得上"言不及义"。①

木心的说法有错误。鲁迅先生《魏晋风度及文章与药及酒之关系》的演讲是在广州大学而非厦门大学,这从该文的副标题"九月间在广州夏期学术演讲会讲"中可以看出。木心之所以认为鲁迅"言不及义",就在于鲁迅该文重点阐述的是知识分子在三国两晋期间过于鲜明的个性甚或放浪形骸的生活做派以及由此带来的杀戮与伤害。鲁迅阐述的是现象与结果,木心则从高士们的行为举动看出了艺术与人生的一致性即"一元论",

---

① 《文学回忆录》第十九讲,223 页。

而这种"一元论"的巨大价值为鲁迅等人所不知:"他们对待'魏晋文学'的态度,是不知'魏晋风度'可以是通向世界艺术的途径。"①的确,联系《文学回忆录》所阐述的很多事例如拜伦、兰波、肖邦、王尔德等人的事迹来看,这些人都恪守了艺术与人生的"一元论"即文学艺术的天才都是放荡不羁的,唯有放荡不羁才能写出震撼人心的真性情的作品,这与"魏晋风度"有异曲同工之妙。而鲁迅没有发现这一点。虽然木心认为鲁迅也有"魏晋风度",但是,"鲁迅自己弄不清自己的心态。他爱魏晋,一说,却成了讽刺取笑魏晋"②。木心晚年隐居乌镇,匡文兵曾问过他:"鲁迅在那篇著名的《魏晋风度及文章与药及酒之关系》中对魏晋风度颇有微词,你怎么看?"木心的想法与之前一样:"魏晋风度,鲁迅本来是想赞扬的,说着说着就说错了。魏晋人及其文学的格调在世界上也是最高的。他们的个人主义也贯彻得很彻底。"③由此,木心认为鲁迅"中国古典文学修养也一流。但他接受得有限,成就也有限"④,木心对《魏晋风度及文章与药及酒之关系》的批判正是对这个观点的补充。

木心对鲁迅充满尊敬。鲁迅文笔好,文学成就高,有风骨,刚正不阿,疾恶如仇,这是他受到木心爱戴的重要原因。但是,木心对鲁迅的人生观、价值观、文学作品以及文学评论上的缺陷

---

① 《文学回忆录》第十七讲,213—214 页。
② 《文学回忆录》第十七讲,212 页。
③ 《晚年木心先生谈话录》,《木心逝世两周年纪念专号:〈温故〉特辑》,264 页。
④ 《文学回忆录》第五十三讲,687 页。

"文革"期间的木心

也看得非常清楚。他深刻剖析了鲁迅没有成为比肩莎士比亚、陀思妥耶夫斯基、纪德、托尔斯泰等大文豪的深层原因。

回想鲁迅之死,抬头的抬头,抬脚的抬脚,后来哪个成了器?当时送葬者也算万人空巷,都哭,发誓要继承鲁迅先生的遗志,什么"有一分热,发一分光",什么"路是人走出来的",现在呢?

尸身上盖的旗——"民族魂"。一个国家靠一个人来作魂,莫大的讽刺,而且肉麻。①

当"良心""灵魂"这种称谓加之于某个文学家的头上时,可知那里已经糟得不堪不堪了。②。

在木心看来,将鲁迅作为"民族魂"但结果(没有人成器)与初衷(发誓继承鲁迅先生的遗志)却大相径庭,这一现象具有无比辛辣的讽刺意味;让鲁迅先生一人承担文学的"良心""灵魂"的称号,其实喻示着文坛的糟糕状况。鲁迅先生试图以文学改变国人的思想,这种做法是木心否定的,木心认为这也是鲁迅无法写出具有世界影响的作品的重要原因。木心对自己尊敬的鲁迅先生的批评,也显示出他对文学的高要求、对文学环境以及对国民性的深刻批判。

---

① 《文学回忆录》第七十二讲,923 页。
② 《嘁语》,《琼美卡随想录》,53 页。

木心与乌镇的一世情缘

一

木心对家乡乌镇有着浓厚的情结,这种情结可谓相当复杂:童年的愉悦欢乐,青年时离开家乡后长达50年的深沉缅怀,晚年重回乌镇的失望,2006年再回乌镇定居直至2011年离世,木心与乌镇有着扯不断理还乱的情愫与关联。对于乌镇,木心始终魂牵梦绕,1994年独自一人重回乌镇,却发现乌镇的变化令自己倍感失望,尤其孙家大院与孙家花园的凋敝破败、财神湾的面目全非,都是木心在情感上无法接受的,因而发出"永别了,我不会再来"的慨叹。但是,就像陈向宏先生所说:"世纪之交,正是乌镇这个一千三百年的古镇保护开发启动之时,家乡厚重的文化积淀,唤醒了乌镇对这位历尽坎坷而又艺情卓越的旷世奇才的眷顾。"2006年,在家乡人民的竭力盛邀下,木心最终重回乌镇安度晚年,深居简出于自己设计的"晚晴小筑",直至2011年12月21日3时离世。木心与乌镇,实在有着太深的渊源。就其作品来看,散文《乌镇》是最典型的抒发对乌镇失望之情的力作。但是,就情感而言,木心对乌镇无疑是怀念热爱多于失望沮丧。木心小说集《温莎墓园日记》中就有着大量对乌镇的描写,从中可见木心对乌镇的态度。如果我们把《温莎墓园日记》中的作品与《乌镇》《童年随之而去》以及木心其他作品结合起来,就可以完整看出木心对家乡乌镇的情感走势。

这里需要说明的是,《温莎墓园日记》是小说集,其中的许多篇目都是以第一人称"我"的角度来写的。当中的"我"与木心本人究竟有没有联系?如果有,又有着多大的联系?如果没有,《温莎墓园日记》中的古镇描写是不是与乌镇完全没有关系?……这些,都是不能不考虑的问题。

学者童明就坚定认为:"木心的小说、诗歌、散文(评论性文字例外)中的'我'并非木心本人。""有些篇章看似自传,已经是以虚为实,例如《夏明珠》《童年随之而去》,意义已不在个人私事的叙述,而在对历史、人性、生命的感悟。"①认为木心小说中的"我"非木心本人,那些像极了木心本人经历的作品如小说《夏明珠》和散文《童年随之而去》,其实都不是木心的经历,而是在看似真实的基础上更好地寄托木心对历史、人生与生命的感悟。童明此论,似乎也得到木心本人的确认,2000年10月18日童明对木心进行"关于《狱中手稿》的对话"的采访,就曾问木心:"在你的文学作品中,自传性减少到了最低度,其中的第一人称无非是虚构或假托,这种状况,是你有意地控制,还是无意地忽略?"木心的回答也非常有意思:"有意的,又是自然而然的——先生,你是想在这次关于手稿的对话中,得到作者的浪漫而写实的表述吧,而我取所以自处的位置是定格,淡出。"木心承认自己采用第一人称是"有意的",但又是"自然而然的",这

---

① 童明:《木心风格的意义——论世界性美学思维振复汉语文学》,《中国图书评论》2006年第8期。

里所说的"自然而然",显然是指自身经历在文学作品中无意识的天然流露与自然体现,当然包含了自身经历的影子。所谓"定格""淡出"就是指将自身经历"定格"下来作为创作的基础,然后尽量"淡出"客观事实,使事件随着小说的逻辑运行。这无疑是木心创作手法的高明之处。木心确曾说过:"在我的文章中,看到'我'字,多半不是我。"①"多半不是我",言下之意,"小半"还会是"我"的。

木心作品中的"我"有木心本人的影子,这一点已经成为共识。孙郁先生认为:"木心就是在回忆里展开对生命的再体味的。""这些小说均是回忆体,却无沈从文的肃穆和汪曾祺的冲淡,隐隐地射出严酷。"②李颉先生认为:"这两个篇什(作者注:指《夏明珠》和《寿衣》),可谓取莫泊桑的匠心,执鲁迅的白描手法,底子是作者刻骨铭心的童年记忆。"③年轻学者周启星也说:"木心的小说、诗歌、散文作品中有许多带有自传色彩的演绎。木心的小说作品中经常出现少年、青年的形象,性格阳光,颇有才智,且纯真善良,基本上就是木心自己的化身,或者是木心理想中自我的形象。"④桐乡文人夏春锦是研究木心的专家,他也坚定认为"《夏明珠》《寿衣》《童年随之而去》等篇的故事与现

---

① 《云雀叫了一整天》,253页。
② 孙郁:《木心之旅》,《读木心》,广西师大出版社2008年版,73—74页。
③ 《木心论》,73页。
④ 周启星:《塔外人的心灵观照——论木心作品的悲剧精神》,南京师大学术文库硕士论文,2016年。

场,显然就是以乌镇为地域背景的"①。这些论述,无不证明木心作品中的"我"都是以木心本人为原型的,我们阅读木心的作品,都能够本能地感受到这些就是木心本人的事迹,作品中人物的悲欢离合喜怒哀乐其实就是木心自身的感受。所以,从《温莎墓园日记》中"我"与古镇的联系与情感,辅以散文《乌镇》及《童年随之而去》的描述,来探索木心与乌镇的联系,无疑是可行的,有着价值与意义的。

二

木心对童年时期乌镇的印象,集中于《温莎墓园日记》的序言中。此序主要写到了小时候乌镇看戏时的种种乐趣。那种"班子戏"虽然简陋简单,并且因为古镇没有戏院而只能借用佛门伽蓝"密印寺"的台面,但对乌镇人的吸引力依然是非常巨大的。

> 预先买好戏票,兴匆匆吃过夜饭,各自穿戴打扮起来,勿要忘记买手电筒,女眷们临走还解解手,照照镜子,终于全家笑逐颜开地出门了,走的小街是石板路,年久失修,不时在脚底碌咯作响,桥是圆洞桥,也石砌的,上去还好,下来当心打滑,街灯已用电灯,昏黄的光下,各路看客营营然往戏院的方向汇集。

---

① 夏春锦:《木心的一份"自制年表"》,《木心逝世三周年纪念专号》,43页。

看戏前的出门仪式可谓隆重神圣。对于不谙世事的孩子们来说,即便不看戏,戏台下也是充满乐趣的,因为台下有太多好吃的东西。

古镇哪里有戏院,是借用佛门伽蓝,偌大的破庙,"密印寺",荒凉幽邃,长年狐鼠蝙蝠所据,忽然锣鼓喧天灯火辉煌,叫卖各式小吃的摊子凑成香味十足的夜市,就是不看戏,也都来此逗留一番。

儿时的木心就与众不同。孩子们往往被吸引于夜市而忘记看戏,木心则倾心于戏中场景,并且这样的场景对木心的影响是终身的。

我执著的儿时看戏的经验宁是散场后的忧悒,自从投身于都市之后,各类各国的戏应接不暇,在剧场悠扬的送客曲中缓步走到人潮汹汹的大街上,心中仍是那个始于童年的阴沉感喟——"还是活在戏中好",即使是全然悲惨了的戏。

对于木心来说,戏剧散场后是充满"忧悒"的。尽管木心之后阅看过大量"各类各国"的戏,但童年时看过的"班子戏"对他的影响依然根深蒂固挥之不去,"还是活在戏中好"正说明剧本对木心的影响已经深入骨髓,童年木心与剧中的人物同喜同悲,并设身处地揣摩剧中人物的思想与情感。

除了"班子戏",乌镇每年春天还盛行"草台戏"即所谓"社戏"。

古镇春来,买卖蚕种筹开桑行的热潮,年年引起盛大的集市,俗称"轧蚕花",庙会敬奉的主神名叫"蚕花娘娘",不见得就是指嫘祖。那娘娘有个独生的"蚕花太子",是最喜欢看戏的,所以在一切的闹忙中,扣人心弦者还是借此机会大家有的戏看,旷地上搭起巍然木阁,张幔蒙屏,悬幡插旗,蚕花太子用小轿抬来摆在最好的位置上,咚咚喤喤,人山人海,全本《狸猫换太子》,日光射在戏台边,亮相起霸之际,凤冠霞帔蟒袍绣甲,被春暖的太阳照得格外耀眼,脸膛也更加泥做粉捏般的红白分明,管弦锣鼓齐作努力,唱到要紧关头,乌云乍起,阵雨欲来,大风刮得台上的缎片彩带乱飘乱飘,那花旦捧着螺钿圆盒瑟瑟价抖水袖,那老生执棍顿足,"天哪,天……哪……"一声声慷慨悲凉,整个田野的上空乌云密布,众人就是不散,都要看到底,盒子里究竟是太子、是狸猫……

几十年过去了,对木心而言,当年的看戏场景仍旧历历在目,如在昨天。扣人心弦的故事情节,吊足人胃口的故事悬念,人海如潮的热闹气氛,天气突变的无动于衷,谜底不揭开绝不离去的剧情吸引,都使童年木心如醉如痴。童年的戏剧给木心留下的印象实在过于深刻,在戏剧强大的吸引力下,戏台周边的春天美景都黯然失色了。

……外边便是大片大片嫩绿的秧田,辣黄的油菜花发着浓香,紫云英锦毯也似的一直铺到河岸,然而日日见惯的平凡景致,哪里抵得过戏台上的行头和情节,灿烂曲折惊心动魄,即使太子总归假的,即使狸猫总归假的,而其中真的什么在。

乌镇的春天,运河纵横,生机盎然,风光如画,然而都敌不过戏剧的精彩。这就是木心笔下的乌镇。戏剧的情节哪怕再精彩,终归还是假的,即便如此,木心还是坚定认为"其中真的什么在"。这里的"什么"究竟何所指?假象掩不住真相、邪不压正,还是为人真诚?说不清道不明,但在童年木心懵懂的意识,这些或许都兼而有之。

童年的美好时光,还体现在木心跟随母亲和一大串姑妈、舅妈、姨妈上摩安山去做佛事,祭祖焚"疏头"。《童年随之而去》将孩子的天真活泼、童言无忌和随心所欲体现得淋漓尽致,快乐蕴含其中。

乌镇给童年木心留下的美好印象实在过于深刻。即便是灾难深重的抗日战争期间,木心全家外出逃难,但终究抵不过对故园的怀念,母亲带着木心姐弟悄悄潜回乌镇,不愿再受颠沛流离之苦。

入夜重门紧锁,我和姐姐才敢放声言笑,作整个邸宅的旧地重游,比十里洋场还好玩,甚而大着胆子闯进后花园,亭台楼阁,假山池塘,有明月之光,对于我们来说,与白昼无异。实在太快乐,应该请母亲来分享。

畅游归楼,汗涔涔气喘喘,向母亲描述久别后的花园是如何如何的好,妈妈露出笑容,说:

"倒像是偷逛了御花园了,明夜我也去,带点酒菜,赏月。"

洗沐完毕,看见桌上摆着《全唐诗》,母亲教我们吟诵杜甫的无言七言,为了使母亲不孤独,我们皱起眉头,装出很受感动的样子。母亲看了我们几眼,把诗集收起,捧出点心盒子——又吃到故乡特产琴酥、姑嫂饼了,那是比杜甫的诗容易体味的。

月光下的孙家后花园,是木心和姐姐心中的乐土,月色溶溶,幽静宁谧。亭台楼阁,假山池塘,树影婆娑,静影沉璧,无不呈现出朦胧幽深的静态之美。美妙的意境下,身为大家闺秀的母亲带着木心和姐姐月下吟诵杜甫的诗歌,并将乌镇特产琴酥和姑嫂饼作为对孩子学习的奖励。寓教于乐,母子共欢,此景此情,木心永世不忘,将其计入小说《夏明珠》中,也算是对童年和母亲的永久缅怀和祭奠了。

在《寿衣》中,木心以写实的笔法写到了童年时期乌镇的民众生活,从中也可见木心对当时乌镇的态度。

> 那时代,江南水乡的城镇,每到下午,寂寞得瘫痪了似的,早上是农民集市、茶馆、点心铺子、鱼行、肉店,到处黑簇簇的人头攒动,声音嘈杂得像是出了什么奇案,近午就逐渐散淡了。一直要到黄昏,才又是另外一种热闹开始,油坊、冶坊、刨烟作场的工人满街走,买醉寻衅,呼幺喝六⋯⋯而午后到傍晚这一长段辰光,却是店家生意寥落,伙计伏在柜台角上打瞌睡,长街行人稀少,走江湖的算命瞎子,斜背三弦,单手敲着小铜磬,一声声悠缓的"叮⋯⋯叮⋯⋯",使人兴起欲知一生祸福的好奇心。

早市的热闹喧嚣和午后到傍晚期间的寂寞无聊相映成趣,周而复始,乌镇民众过着"日未出而作,日入而不能息"(《乌镇》)的生活。这样的小镇生活,在悠悠时光中流淌着慵懒、寂寥、平淡而略带无聊的传统色彩,不能不说,此时"现代"大潮尚没有浸入乌镇,乌镇人的生活是宠辱不惊岿然不变的,这正与木心竭力提倡的"从前慢"的生活相照应。

1981年,木心去了美国,在更广阔的视野上追寻着他的文学、艺术之梦。在国外,1987年,他以饱满的热情写下了一首长诗《春舲》,追忆了幼年春假期间和母亲、姑妈以及姐姐在春天乘船前去祭祖的往事,充满了诗情画意,极富生活情调。

乌镇,在木心身上留下的烙印是永远也挥之不去的。即便他离开了乌镇,身处异国他乡,曾经的乌镇岁月依旧在他的心田涓涓流淌。

总之,童年少年时期的木心,对乌镇有着浓厚的情感。看戏、田园风光、孙家后花园、乌镇生活等,无不在木心的作品中得到体现。木心在其作品中对童年、少年时期乌镇的描写,与木心的故乡情怀相互映照,这也为木心晚年定居乌镇最终魂归故里作了最有力的铺垫。

三

1943年(民国三十二年)春,十七岁的木心离开家乡乌镇,前往杭州报考国立杭州艺术专科学校;直至1994年冬天,六十七岁的木心重回乌镇,写下了《乌镇》一文。此时的木心,离开乌镇已长达五十一年,按照常理,此时重回故乡,他应当感到欣喜,但《乌镇》一文却以极其失望感伤的笔调发出了深沉喟叹:"永别了,我不会再来。"木心对乌镇的情感发生了180度的大转弯:童年少年时期的欢欣、愉悦一下子跳跃到失望、厌恶甚至还有憎恨、抱怨。这到底是怎么回事？

重返乌镇,是在大雪纷飞的严冬。木心在桐乡换车,听到了五十年没有听到的乡音,"乖异而悦耳",有"麻痒痒的亲切感"。看到乌镇下雪,木心回忆起童年时候乌镇的雪:

> 童年,若逢连朝纷纷大雪,宅后的空地一片纯白,月洞门外,亭台楼阁恍如银宫玉宇。此番万里归来,巧遇花飞六出,似乎是莫大荣宠,我品味着自己心里的喜悦和肯定。

喜悦之情溢于言表！然而,到了乌镇车站,木心却感到了极大的失望:"目前我只知地名,对的,方言,没变,此外,一无是处。""一无是处"就是木心对当时乌镇的总体评价。

那么,在木心眼里,乌镇的"一无是处"体现在哪里？

(一) 饮食的不适应

不能不说,对于故乡,木心是个守旧传统的人,此次回乌镇,他是非常希望能够再次搅动童年时期的味觉的。但当他踏进餐馆,按照堂倌的指点点上红烧羊肉、加了雪里蕻的黑鱼片串汤和半斤黄酒的时候,却发出感叹:"从前乌镇冬令必吃羊肉,但黑鱼是不上台面的,黄酒是不加糖的。"五十年后的乌镇,黑鱼堂而皇之上了台面,黄酒竟然还有加糖的喝法,这使木心在情感上接受不了。童年的味道再也回不来了,因而"越吃越觉得不是滋味",这也预示着木心接下来的故乡寻访之旅必将以失望而告终。

(二)对家族与乌镇的失望

到了乌镇,木心不由慨叹:"我恨这个家族,恨这块地方……"奇怪!木心为什么要恨自己的家族和乌镇呢?

木心当年离开乌镇前往杭州艺专,原因很多,其中两个原因是不能忽略的,这涉及木心对家族的褒贬。

一是逃婚,向往丰富的人生经历。"老家静如深山古刹,书本告诉我世界之大无奇不有,丰富的人生经历是我所最向往的,我知道再不闯出家门,此生必然休矣——一天比一天惶急,家庭又逼迫成婚,就像老戏文中的一段剧情,我就'人生模仿艺术',泼出胆子逃命。此后的四十年是一天天不容易过也容易过。"①

二是围绕专业选择出现的家庭纠纷。"从小我就喜欢画画,喜欢文学,而家里希望我读法律或医学。我不愿意学那些,但是整个家族都反对,反对得厉害。"②"我怨的是自己家庭的纠纷,使我童年受苦,决心出走。"③

逃婚与家庭纠纷,都是木心与家族的对立。在婚姻与专业选择的问题上,木心有自己的主见,但家族势力的威势与逼迫非要让木心走上一条与心意相悖的道路,木心只能逃离乌镇。这当然是木心憎恨家族的重要原因。

---

① 《海峡传声——答台湾〈联合文学〉编者问》,《鱼丽之宴》,26—27页。

② 曾进:《海外作家木心独家专访:"我不是什么国学大师"》,《外滩画报》2006年3月5日。

③ 沈秀红、孙飞翔:《木心先生在乌镇度中秋》,《嘉兴日报》2006年10月7日。

从《乌镇》文中,我们亦可探索木心憎恨家族与乌镇的一些因素:家族子弟贪图小镇之安逸优裕,不求上进,时事风云一变,最终只能坐以待毙。这样的人,木心是哀其不幸怒其不争的。

小镇之人,鼠目寸光,眼界褊狭,自以为天长地久,殊不知大浪淘沙。木心从家族的潦倒沉沦中看到了乌镇人的墨守成规、甘心平庸,他对乌镇自然没有好印象。

此外,依据《温莎墓园日记》中的《寿衣》情节,我们亦可探索木心对家族与乌镇的"憎恨"。

首先,人心险恶的魑魅魍魉的丑陋行径被童年木心一一看在眼里,导致他对家族甚至亲人的绝望。

木心曾说:"我童年在乌镇所见,几乎家家户户都有见不得人的丑事暗暗进行。"①《寿衣》就是以乌镇生活为原型创作出来的,木心在小说中充分描摹出种种败类的丑陋嘴脸:猥亵守寡的儿媳妇的陈妈的公公、好吃懒做偷窃扒拿的瘌子、臭味相投沆瀣一气谋"我"家财的狼心之舅父舅妈和账房先生……都使读者凉意透心,看到人心不古道德败坏。

其次,乌镇人根深蒂固无法改变的愚昧也使木心倍感心凉与绝望。

苦命女人陈妈弥留之际,妈妈准备为陈妈置办后事,"还是去办了吧,棺材、衾衣,都要好一点的,像样一点的。"

紧接着,木心用了一整段的篇幅来描写江南重视"寿衣"的风俗。

---

① 《文学回忆录》第三十四讲,438 页。

江南的风俗，棺材、衾衣，整套殓葬的物件，在人活着时就备得齐齐全全，称之为"寿材""寿衣"，似乎是含有祝愿长命的意思。我祖母在世之日，每年黄梅时节，她出房下楼，亲自到天井里来晾寿衣，不许俗人接触，怕上不了天。我们小孩子看到那像京戏中的捺金绣花的段褂锦氅，觉得十分耀眼有趣。祖母拍拍掸掸这些寿衣，其实是洁净无尘光鲜无霉的，那是全副"死"的服装道具，有搁头的方枕，有搁脚的凹枕，有厚底的靴，薄布的袜。"衾"，本是指殓尸之被，江南是泛指了，便分内衾、外衾、盖衾、罩衾，款式奇异，不僧不道、不朝不野、一色绣满了以莲花为主的繁缛图案。

按照木心的解释，江南人活着时制作"寿材""寿衣"的目的，就是祝愿生者长命，死者升天。那么，木心怎么看待江南的这种风俗呢？在下文，木心明确表达了自己对这种风俗的嘲讽与厌恶。

那许多有钱而无知的人们，把人的诞生、结婚、死亡，都弄成一个个花团锦簇的梦。当我在渐知人事的漫长过程中，旁观这些"生""婚""死"的奢侈造作，即使一时说不明白，心里却日益清楚这不是幸乐、慰藉，乃是徒然枉然的铺陈。

"这不是幸乐、慰藉，乃是徒然枉然的铺陈"，就是木心对"寿材""寿衣"习俗的总体评价。在木心看来，一个人生前受尽了罪吃尽了苦，却认为死后穿上"寿衣"装入"寿材"入殓就能够超脱升天，这种愿望如果能够成立的话，有钱人无论生前还是死后都是享福的，而对于现实中像陈妈这样的苦命人来说就太不公平了。她们吃苦受累一辈子,一套精美的"寿材""寿衣"就把她们收买了,就让她们含笑九泉自认为死后能够上天,这辈子受苦受累也值了,这是对她们最大的不公平。可悲的是,陈妈就是心甘情愿受其愚弄的人。

陈妈弥留之顷,我在书房,没人来传告。听姐姐和丫头说:陈妈死前一刻,神志转清,坐了起来,她们告诉她:

"棺材给你买好了,很好的,停在后花厅。"

她点点头。姐姐她们把寿衣取来,一件件拎起,给陈妈看。她们告诉我:陈妈是笑的,很清楚地说了句:

"我也有这样的寿衣穿啊。"

陈妈是笑着离开这个世界的,因为她自认为今生没什么遗憾了,所有的辛劳和受罪都是值得的,只是因为死时能够穿上"寿衣",可以升天了——"寿材""寿衣"泯灭了陈妈这辈子所有的心酸苦楚,甚至使她感到在人间受到了极大的恩惠。木心对这种做法是反感的,最终:

抗日战争将近胜利的那年,我离家去大都市自谋营生。

战争结束,我以同等学力考入大学。寄宿生。寒假暑假也在校度过。

木心为什么不愿回家乡而愿意留在大城市哪怕寒假暑假也不回去?主要有以下原因:受自己尊敬爱戴的陈妈死了,家乡似乎少了一些牵挂之人;乌镇的魑魅魍魉的所作所为,使木心感受到家乡人心之可怕;最主要的,就是自己与家乡民众思想上的隔阂。陈妈劳累一生临死前被"寿衣"收买,使木心感到民众愚昧思想的顽固与不可逆,于是,离开家乡了,去大城市追求更先进、更自由、更具价值的思想。

木心对家族与乌镇的"憎恨"是非常自然顺理成章的,所以木心在《乌镇》中说:"我恨这个家族,恨这块地方,可以推想乌镇尚有亲戚在,小辈后裔在,好自为之,由他去吧,半个世纪以来,我始终保持这份世俗的明哲。"

(三)童年的美好印迹早已随风而逝

从木心的种种作品来看,木心是个非常怀旧的人。虽然木心本人身居海外学贯中西,但对于迅疾发展的现代社会,木心似乎一下子接受不了。他在《温莎墓园日记》序言中说:"我的童年,或多或少还可见残剩下来的'民间社会',之后半个世纪不到就进入了'现代',商品极权和政令极权两者必居其一的'现代',在普遍受控制的单层面社会中,即使当演员,也总归身不由己……"《乌镇》文中,木心再次强调:"人的营生,犹蜘蛛之结网,凌空起张,但必得有三个着点,才能交织成一张网,三个着点分别是家族、婚姻、世交,到了近代现代,普遍是从市场买得轻金属三脚架,匆匆结起'生活之网',一旦架子倒,网即破散。而对于我,三个古典的着点早已随时代的狂风而去,摩登的轻金属架那是我所不屑不敢的,我的生活之网尽在空中飘,可不是吗,一无着点。"木心评价近现代生活的"身不由己""生活之网尽在空中飘"等言语,透露出的无奈清晰明了。此次回到乌镇,木心悲伤地发现,童年的一切似乎都随风而逝了。在心理上,木心无法坦然接受这种现状,他以过去传统的乌镇和如今商业气息浓厚的乌镇的鲜明对比,表达出他的失望与失落。

首先，曾经的乌镇人文气息浓厚，家家诗词日日辞赋，精擅琴棋书画者比比皆是；即便大众之家，也能出口成章满腹锦绣。在如此环境的浸染下，童年时期的木心就不仅能出口成诵，而且还能领略到作品中的意境了。

明清年间，乌镇无疑是官商竞占之埠，兵盗必争之地，上溯则梁朝的昭明太子萧统在此读书，斟酌《文选》。《后汉书》的下半部原本是在乌镇发现的。唐朝的银杏树至今布叶垂荫、葱茏可爱。乌镇的历代后彦，学而优则仕，仕而优则商，豪门巨宅，林园相连，亭树、画舫、藏书楼……，寻常百姓也不乏出口成章、白壁题诗者，故每逢喜庆吊唁红白事，贺幛挽联挂得密密层层，来宾指指点点都能说出一番道理。骚士结社，清客成帮，琴棋书画样样来得，而我，年年"良辰美景奈何天"，小小年纪，已不胜"赏心乐事谁家园"了。

如今的乌镇呢？看看木心对东大街的描述：

这一段街景不是故物，是后来重修的"旅游"卖点，确鉴是"明式"，明朝江南市廛居宅的款式，然而那是要有粉墙翠枝红灯青帘夹杂其中，五色裳服宝马香车往来期间，才像个太平盛世，而现在是通体的黑，沉底的静，人影寥落，是一条荒诞的非人间的街了。

乌镇已经成了旅游卖点，雕琢装饰不伦不类，人文气息烟消云散，早就丧失了江南古镇的神韵。这怎能不让木心伤感？

其次，木心的童年之梦也彻底破碎了。

当年的东大街两边全是店铺，行人摩肩接踵，货物庶盛繁缛,炒锅声、锯刨声、打铁声、弹棉絮声、碗盏相击声、小孩叫声、妇女骂声……

好一派富庶繁盛的生活气息啊!如今呢?

现在是一片雪后的严静,毗连的房屋一式是上下两层,门是木门,窗是板窗,皆髹以黑漆——这是死,死街,要构成这样肃穆阴森的氛围是不容易的,是非常成熟的一种绝望的仪式,使我不以为是目击的现实,倒像是落在噩梦之中,步履虚浮地往前走,我来乌镇前所调理好的老成持重的心境,至此骤尔溃乱了。

东大街面目全非了,那么,儿时的乐园财神湾又怎么样了?

行到一个曲折处,我本能地认知这就是"财神湾",原系东栅市民的游娱集散之地,木偶戏、卖梨膏糖、放焰口,都在这片小广场上,现在竟狭隘灰漠,一派残年消沉的晦气。

总之,五十年后的乌镇变化了,它没有朝着木心希望的方向变,而是变得让木心惊诧莫名,痛心焦虑。身处故乡,木心没有体会到惊喜,反而感到阵阵凉意。

最令木心感到绝望的,是孙家大院和孙家花园的没落坍圮。家没有了,一个人对家乡的最后一点情思就散落了。木心以痛心的笔调,写出了他逐渐步入孙家大院和花园的所见所思,也写出了他滴血的心。为了便于阐述,姑且不厌其烦地引用《乌镇》原文,并以批注的方式进行点评。

凭记忆,从湾角退二十步,应是我家正门的方位。

可是这时所见的乃是一堵矮墙。

原本正门开在高墙之下,白石铺地,绿槐遮荫,坚木的门包以厚铁皮,布满网格的铜馒头,两个狮首衔住铜环,围墙顶端作马鞍形的起伏,故称马头墙,防火防盗,故又名封火墙。

现实的矮墙居中有两扇板门,推之,开了。

批注:如今的板门、矮墙和记忆中气派壮观的大门、高墙相比显得寒碜,简陋不堪。

大片瓦砖场,显得很空旷,尽头,巍巍然一座三开间的高屋,栋柱梁椽撑架着大屋顶,墙壁全已圮毁——我突然认出来了,这便是正厅,悬堂名匾额的正厅,楹联跌落,主柱俱在……

厅后应是左右退堂,中间通道,而今也只见碎砖蒿莱。

批注:正厅与退堂完全毁弃,不复当年的荣光。

我神思恍惚,就像我是个使者,衔命前来凭吊,要将所得的印象回去禀告主人,这主人是谁呢?

踏入污秽而积雪的天井,一枝狰狞的枯木使我惊诧,我家没有这样恶狠狠的树的,我离去后谁会植此无名怪物,树龄相当高了,四五十年长不到这样粗的。

批注:突出"狰狞的枯木"之"恶狠狠",是"无名怪物",意在突出当年孙家大院的树木在童年作者的眼里都是柔顺的,熟悉的,而今荡然无存。

东厢,一排落地长窗,朝西八扇,朝南是六扇,都紧闭着——这些细棂花格的长窗应是褐色的、光致的、玻璃通明的,而今长窗的上部蚀成了铁锈般的污红,下部被霉苔浸腐为烛绿,这样的凄红惨绿是地狱的色相,棘目的罪孽感——

我向来厌恶文学技法中的"拟人化",移情作用,物我对话,都无非是矫揉造作伤感滥调,而此刻,我实地省知这个残废的,我少年时候的书房,在与我对视——我不肯承认它就是我往昔的娜嬛宝居,它坚称它曾是我青春的精神岛屿,这样僵持了一瞬间又一瞬间……整个天井昏昏沉沉,我站着不动,轻轻呼吸——我认了,我爱悦于我的软弱。

外表剥落漫漶得如此丑陋不堪,顽强支撑了半个世纪,等待小主人海外归省。

因为我素来不敢"拟人化"的末技,所以这是我第一次采用,只此一次,不会再有什么"物象"值得我破格使用"拟人化"了。

批注:曾经的书房被木心誉为"娜嬛宝居",而今却是"凄红惨绿""地狱的色相""棘目的罪孽感",不敢相信但又不得不信。第一次使用"拟人化"手法表现丑陋不堪的书房,并且说只会采用一次,是因为木心相信今后绝对不会遇到如此令人丧气失望的场景与物象。可谓失望透顶,悲苦之至,愤懑已极。

再入内,从前是三间膳堂,两个起居室,楼上六大四小卧房,现在还有人住着,如果我登楼,巡视一过,遇问,只说这是我从前的家宅,所以我来看看。

走到楼梯半中,止步,擅入人家内房又何苦呢?

楼梯的木扶栏的雕花,虽然积垢蒙尘,仍不失华丽精致,想我自幼至长,上上下下千万次,从来没曾注目过这满梯的雕饰,其实所有锦衣玉食的生涯,全不过是这么一回懵懂事。

复前进，应是花厅、回廊、藏书楼、家塾课堂、内账房、外账房、客房、隔一天井，然后厨房、佣仆宿舍、三大贮物库、两排粮仓，然后又是高高的马头墙，墙外是平坦的泥地广场，北面尽头，爬满薜荔和蔷薇的矮墙，互砌的八宝花格窗，月洞门开，便是数十年来魂牵梦萦的后花园——亭台楼阁假山池塘都杳然无迹，前面所述的种种屋舍也只剩碎瓦乱砖，野草丛生残雪斑斑，在这片大面积上嘲谑似的画了一家翻砂轴承厂，工匠们正在炉火旁通红地劳作着。

批注：种种屋舍只剩下碎瓦乱砖，后花园中的亭台楼阁假山池塘杳然无迹，孙家大院莫名其妙地成了正在开工的翻砂轴承厂。前文所论抗战时期母亲带着木心姐弟二人在后花园读诗赏月吃姑嫂饼的场景在现实中再也无法重现，木心的心痛有谁知？

再往后望，桑树遍野，茫无边际的样子了。

不过，就是萧统的读书处，原是一带恢宏的伽蓝群，有七级浮屠名寿胜塔者，而今只见彤云未散的灰色长天，乌鸦盘旋聒噪。

批注：孙家大院周围也面目全非。当年供草台班子唱戏的伽蓝也没有了，寿胜塔也不见了。童年真的找不到痕迹了。

铲除一个大花园，要费多少人工，感觉上好像只要吹一口气，就什么都没有了。

我渐渐变得会从悲惨的事物中翻拨出罗曼蒂克的因子来，别人的悲惨我尊重，无言，而自身的悲惨，是的，是悲惨，但也很罗曼蒂克，此一念，诚不失为化愁苦为愉悦的良方，或许称得上是最便捷的红尘救赎，自己要适时地拉自己一把呵。

批注：自我解嘲，自我安慰，无奈中的疗伤啊！

永别了，我不会再来。

批注：一个人要与故乡永别，且斩钉截铁，可见内心的创伤有多深。

木心的人生充满了悲剧性。就像他自己说的，他是孙家这个大家族最后的根，末代苗裔，身边已经没有一个亲人。此番重回乌镇，实为寻根。他试图通过寻找过去的痕迹来抚慰自己，缅怀亲人，强调自己就是属于这片土地的。但是，木心失望了，这种失望甚至比余光中《乡愁》中的愁思还要强烈，毕竟《乡愁》描写的是踏上故土之前的无尽思念，重逢之前，尚有念想，可凭空抚慰疲惫的灵魂；可一旦踏上故乡的土地，木心失望地发现：气息变得庸俗，家园倾颓坍圮，环境面目全非，童年的痕迹一扫而空。乌镇的清癯之叟对木心说："乌镇风水好，啊，好，乌镇风水好。"风水好就是这个样子？木心只能暗自苦笑。最后的念想没有了，心也就死了。还是离开乌镇吧，并且永远不再回来。这就是木心再踏上乌镇土地后的想法，他对乌镇是失望透顶的。

四

木心最终还是魂归故里，最终还是定居在了乌镇，违背了自己"永别了，我不会再回来"的誓言。

2006年，对乌镇，对木心，都是非同寻常的一年。就在这一年，修缮一新的乌镇引来了疲惫的游子木心；就在这一年，七十九岁的木心回到了家乡的怀抱。他安居于自己指导设计的"晚晴小筑"中,深居简出,潜心创作,度过了人生最后的六年时光。

是什么吸引木心重回乌镇？

一是传统文化中叶落归根的固化思维。

木心博古通今,深谙传统文化,焉能不知"胡马依北风,越鸟巢南枝""羁鸟恋旧林,池鱼思故渊""鸟飞返故乡兮,狐死必首丘"的道理。木心虽然暂居美国并且拿到了美国的绿卡,但他骨子里还是认同自己是中国人、乌镇人,这与他崇敬的捷克斯洛伐克作家米兰·昆德拉不同。昆德拉虽然出生在捷克斯洛伐克,但后来移居法国并加入法国国籍。木心将昆德拉誉为"带根的流浪人":"昆德拉带根流浪,在法国已近十年,与其说他认法国为祖国,不如说他对任何地理上的历史上的'国'都不具迂腐的情结。"①实际上,与昆德拉相比,木心似乎更有资格被称为"带根的流浪人",昆德拉将故乡之"根"留在了非出生地法国,"根"与故乡已经脱离了联系,木心则完全"叶落千丈都离不了根",魂归故里就是就是最好的明证。②

二是对"山洞文明"的恐惧。

---

① 木心:《带根的流浪人》,《哥伦比亚的倒影》,广西师大出版社2006年版,67页。

② 木心认为"入了别的国籍再回出生国",往往存在两种情况:一种是"浪迹之初,抖擞劲写,不久或稍久,与生俱来的'主见''印象''块垒''浩然之气'消耗殆尽,只落得不期然而然的'绝笔',有的还白发飘蓬地归了根"。另一种是"天空海阔,志足神旺,旧阅历得到了新印证,主体客体间的明视距离伸缩自若,层次的深化导发向度的扩展"。显然,木心认为自己落叶归根属于后者。见《带根的流浪人》。

从1982年离开,至2006年隐居乌镇,木心在美国生活了二十四年之久。木心曾将美国的文明比作"山洞文明":"真正的智者都躲在高楼大厦的'山洞'里,外面是人欲横流的物质洪水。"推崇19世纪醇厚朴实的慢生活的木心哪里能够受得了过于繁华喧嚣的物质文明;"我自己不是智者,而且单身索居,这山洞委实静得可怕,几个星期不下楼不出门,偶尔飘来一封信,也燃不起一堆火。山洞文明不好受。"木心也是害怕寂寞冷清的,虽然这种寂寞冷清对他的创作有利,但长期居住在"山洞"一样的高楼大厦,单身的木心也感到"静得可怕",难以忍受。

出门,又怎么样呢?

"可是真的上了街,中央公园大而无当,哈德逊河边满目都是陌生人,第五大道死硬的时装模特儿,路旁小摊上烤肉串的焦油味……都使我的双脚朝林肯中心的方向走——我还是回来的好。"①公园的景色与街上的事物引不起兴趣,所遇到处都是"陌生人",难闻的食物味道,又迫使木心重回"山洞",继续过着离群索居、茕茕孑立的生活。随着年龄的增长,单身且年老的木心的确不适合生活在"山洞文明"的美国了。回家乡乌镇颐养天年,是木心的最好选择。木心对此当然是清楚的。

三是乌镇厚重的文化气脉与崭新气象。

就像陈向宏先生在木心追悼会上说的:"世纪之交,正是乌镇这个一千三百年的古镇保护开发启动之时,家乡厚重的文化积淀,唤醒了乌镇对这位历尽坎坷而又艺情卓越的旷世奇才的

---

① 《林肯中心的鼓声》,《哥伦比亚的倒影》,90页。

眷顾。"木心自己也说:"今日之乌镇非昔日之乌镇矣,一代新人给予我创作艺术足够的空间,所以我回来了。"①如今的乌镇,再也不是1994年木心回归时看到的残破不堪的乌镇了,它已成了举世闻名的旅游景区。就木心祖居来说,家乡为木心修造了近3000平方米的木心花园,"晚晴小筑"也是完全按照木心本人的设计修建的,童年时的亭台楼阁假山池塘又回来了,足可安放木心先生疲惫的灵魂。

四是最重要的原因——对家乡魂牵梦萦的牵挂。

他虽然失望之下写出了"永别了,我不会再回来"的愤懑之语,但还是在《乌镇》的末尾留下了余地。

> 儿时,我站在河埠头,呆看淡绿的河水慢慢流过,一圆片一圆片地拍着岸滩,微有声音,不起水花——现在我又看到了,与儿时所见完全一样,我愕然心喜,这岂非类似我惯用的文体吗?况且我还将这样微有声息不起水花地一圆片一圆片地写下去。

乌镇的水,与童年仍旧完全一样。乌镇的桥、乌镇的水、乌镇的古居,构成了乌镇的特色。水没变,干涸的心就会被重新唤醒,就会得到润泽,木心先生就会有重返故乡的希望。最终,木心还是回来了。曾经,木心失望地返回了美国,但是,乡愁却始终缠绕着他。木心说过:"乡愁,我怎会没有呢,不过比较大些,

---

① 2011年12月24日木心逝世告别仪式陈向宏悼词,见《木心纪念专号:〈温故〉特辑》,广西师大出版社2013年版,第9页。

类似'神学是哲学的乡愁'那样大,乡愁大了,小的乡就不去愁它。"①1994年,木心从乌镇失望地返回美国,在纽约写下了《乌镇》一诗:

  遵彼乌镇,循其条枚。未见故麻,惄如輖饥⋯⋯
    ⋯⋯⋯⋯
  遵彼乌镇,回其条肆。既见旧里,不我遐弃⋯⋯

  陈丹青曾问木心该诗什么意思,木心正色说道:"呗,五十多年了,故里居然还在,不肯遗弃我呀!"②

  故乡不肯遗弃你,你又怎能遗忘故乡!最终,木心还是回来了,并且是永久性地回来了。

五

  木心2006年隐居乌镇,基本不出他的"晚晴小筑",处于与世隔绝的状态。除了极为特殊的采访与安排,或者同陈丹青等个别人见面之外,木心从不见其他人。当年他在上海的那些朋友,或者桐乡的发小,无论之前怎么亲密友好,来见木心,他都是一概拒绝;而且,木心从美国返回乌镇,也没有通知任何人,他就

---

  ① 2000年10月18日童明对木心《关于〈狱中手稿〉的对话》的采访,见《木心纪念专号:〈温故〉特辑》,218页。木心还说:"乡愁呢,总是有的,要看你如何对待乡愁,例如哲学的乡愁是神学,文学的乡愁是人学,看着看着,我是难免有所褒贬的,乡愁太重是乡愿,我们还有别的事要愁哩。"与上述意思完全一致。见《鱼丽之宴》,81页。

  ② 《守护与送别——木心先生的最后时光(下篇)》,《张岪与木心》,55页。

这样悄无声息地在乌镇过着纯粹隐居的生活。

木心为什么不愿意见人？这是个值得探讨的问题。很多人引用他在《文学回忆录》（第四十一讲）中的观点来解释：

> 查尔斯·兰姆（1775—1834）。愈近现代愈受尊敬。我对他一见钟情。少年时能看到的，不过是别人节引他的话，一看就狂喜："童年的朋友，像童年的衣服，长大就穿不上了。"好啊！一句话，头脑、心肠、才能，都有了。

这当然是原因之一。童年时期的朋友，甚至青年时期的朋友，在人生的后续发展中，由于种种不可预知的因素，往往会由之前的朋友关系而逐渐生疏，最终形同陌路，甚至视若仇雠。木心将兰姆的诗当作人生的指导，正是他从曲折苦难的人生经历中悟透了生活真谛的体现。童年时期的朋友，老了以后，还能继续沉浸在幼年时期的经历中不可自拔找回过去的感觉吗？

也有人将木心不愿见过去朋友的原因归结为他遭受的伤害太深。木心1967年至1979年曾在上海创新工艺品一厂工作过，不过是作为"黑五类"对待的，秦维宪《木心闭口不谈的隐痛岁月》说：

> 木心怕见工友，是为了不再揭开也已流逝的伤疤，将那段痛苦的岁月，永远封存在心底。……试想，如果木心见到了昔日的工友，即使如我这样算他的学生，他会立即产生蝴蝶效应，联想到昔日的苦难，乃至浮现那些伤害过他的人与事。如此，我们为什么要去打扰木心呢，让他在归隐田园的桃花源里安度晚年，不是很好吗？由此，我真诚地希望工友们理解一个曾经差点被整死的老人，恐惧迟暮之年噩梦缠

身的悲苦心境。①

在笔者看来,木心不愿意隐居乌镇不愿见人,还有其他因素在。

木心本就是个怀旧的人,对民俗社会的怀念是他根深蒂固的情结,这在《文学回忆录》与意识流散文《哥伦比亚的倒影》中体现得非常明显。从民俗社会脱胎的现代社会对艺术的强大冲击使木心感到无比烦恼。在思想上,木心又是个比较顽固的人,他对生活中的很多变化是深感难受和痛苦的。就像前文所言,他1994年来乌镇,连乌镇的饮食变化都无法接受;《上海在哪里》一文中,他对曾经生活的上海面目全非的今貌感到愤怒与痛心。另外,木心的思想也有偏执的一面,任何朋友,一言不合,最主要的是瞧不起他的作品或者对他的作品无法理解,他就马上断交,再不往来。李梦熊、潘其流、王元鼎等人与木心由朋友到陌路,无不如此。

因为怀旧和思想顽固而不愿意接受新时代尤其网络时代过于迅速的变化,由于思想偏执而往往不留任何情面的断绝交情。有这样的思想与性格特征,木心隐居乌镇期间如果和当年的朋友以及拜访者频繁往来,那才是不正常的事情。

木心自我封闭的最主要的原因是他的自信。他的文学主张及作品因为过于超前,在现实中没多少人能够理解,因此遭受了很多人的抨击。这对木心是极不公平的。木心在来乌镇前,就已经准确预判到他的作品的命运。他深信他的作品价值在后

---

① 秦维宪:《木心闭口不谈的隐痛岁月》,《探索与争鸣》2016年第2期。

世。木心逝世前,学术界对木心作品的评价是负面否定大于正面肯定,这应当在木心的预料之中。为了省却许多麻烦,木心将自己封闭起来,至于自己的作品,留给后人去评价吧。木心曾说屈原与但丁在生前已经预料到自己将永垂不朽,对于自己的作品,我想木心应当或多或少有着像屈原与但丁的想法。

有一件事木心恐怕不会想到:在他逝世十周年的时候,他的作品已经在中国大地知者甚多,研究他的作品与生平的研究者也越来越多。所以,历史对艺术家往往是残酷的,她不让艺术家生前看到自己的荣光,而让他们死后永放光辉。

木心隐居乌镇不愿抛头露面最现实的原因,还在于他不愿意与学术界发生交集。木心曾说,他从不看中国的当代文学史。他也不相信集体主义下能够诞生真正具有世界影响的作品。对于流行的一些文学理论与看法,他也非常不屑,如中国读者普遍认为19世纪的莫泊桑、巴尔扎克、福楼拜、左拉等人的作品是"批评与暴露现实的,又对贵族资产者有所流连,唱挽歌",对此,木心评论说:"什么'有进步的意义,也有反动的作用',什么'有艺术成就,也有时代局限',什么'既要借鉴,又要批判'。好吧,既有如此高明的教训,他们写出些什么呢?"①木心还说:"中国的文艺评论常常有这种论调,说'作者的矛盾的世界观限制了他的艺术才能'。请问,你们世界观正确,出了什么作品?谈世界观,你们不配。"②对木心而言,他沉浸于18、19世纪而不可自拔,在文学艺术世界里与陀思妥耶夫斯基、托尔斯泰、屠格涅

---

① 《文学回忆录》第四十五讲,585页。
② 《文学回忆录》第五十讲,648页。

木心在纽约曼哈顿中央公园

夫、福楼拜、巴尔扎克等大文豪进行神交,把他们都看作自己精神上的情人。这样的木心,怎么可能会在"晚晴小筑"大量接见来访者而无谓消耗自己的精力与时间。

隐居乌镇,对木心而言,是明智的,也是对他自我世界的有效保护。

木心与乌镇,正如他的小说《温莎墓园日记》中那枚生丁的正反两面一样,剥离了一面,便不成生丁,蕴含的深意就消失了。乌镇养育了木心,木心成就了乌镇。木心对乌镇的情感,明显经历了三个阶段:童年少年时期的欢乐,返回故乡的失望愤懑,定居故乡的安然恬淡;其中前两个阶段的时间间隔竟然达到五十多年,这五十多年可以看作是木心对乌镇魂牵梦绕的相思阶段。木心深爱乌镇,乌镇抚慰木心,两者相辅相成。而今,疲惫的游子已经永久安眠于乌镇,并成为乌镇的一张金灿灿的名片。一说到乌镇,就会想到木心;一说到木心,就会想到乌镇,倘能如此,木心先生在九泉之下也会含笑吧。

第三章　木心的文学、艺术成就

"茅盾书屋"对木心的影响

凡是看过《文学回忆录》和木心作品的读者,都有一个印象:木心对外国文学的热情似乎要大过传统文学,对外国文学尤其西方文学的评价似乎更多也更加精辟。这种世界性视野是如何培养起来的?这就不能不提到"茅盾书屋"。"茅盾书屋"对木心的影响可谓功不可没,甚至可以说,没有"茅盾书屋",就没有今日之木心。木心曾言:"少年在故乡,一位世界著名的文学家的'家',满屋子欧美文学经典,我狼吞虎咽,得了'文学胃炎'症……"①这里"一位世界著名的文学家的'家'"就是指茅盾家的"茅盾书屋"。

木心的《塔下读书处》就非常清楚地记载了"茅盾书屋"与自己之间的故事。

抗日战争时期,茅盾先生携眷生活在内地,沈太夫人大

---

① 《海峡传声——答台湾〈联合文学〉编者问》,《鱼丽之宴》,25页。

概已经逝世,沈家的老宅,我三日两头要去,老宅很普通,一层楼,砖地,木棍长窗,各处暗沉沉的,再进去,豁然开朗,西洋式的平房,整体暗灰色调,分外轩敞舒坦,这是所谓"茅盾书屋"了,我现在才如此称呼它,沈先生不致自名什么书屋的,收藏可真丰富——这便是我少年期间身处僻壤,时值战乱,而得以饱览世界文学名著的福地了。

由这段论述可以知道:"茅盾书屋"并非茅盾先生本人的命名,而是木心对茅盾先生家藏书屋子的称呼;书屋的藏书"可真丰富";少年木心在抗日战争时期乌镇被日军占领的大背景下将"茅盾书屋"当作"饱览世界文学名著的福地"。

"茅盾书屋"里的"世界文学名著"之所以能让木心倾心浏览、大量借阅,还在于木心对书的爱惜以及他善于将书"补缀装订"。

事情并非荒唐,那年月,沈宅住的便是茅盾的曾祖父特别信任的黄妙祥一家人,也许是为"老东家"看守旧基吧,乌镇一度为日本军人势力所控制,茅盾当然不回归,黄家住着就是管着,关于书,常有沈氏别族子弟来拿,不赏脸不行,取走则等于散了,是故借给我,便算是妥善保存之一法,他说:"你看过的书比没有看过还整齐清爽",那是指我会补缀装订。世界文学经典是诚惶诚恐的一类,高尔基题赠、巴比塞们签名惠寄的是有趣的一类,五四新文艺浪潮各路弄潮儿向茅盾先生乞政的是多而又多的一类,不少是精装的,版本之讲究,在中国至今还未见有超越者,足知当年的文士们确实曾经认真,曾经拼力活跃过好一阵子。古籍呢,无甚珍版孤本，我看重的是茅盾在圈点、眉批、注释中下的功夫，茅盾的传统文学的修养，当不在周氏兄弟之下。看到前辈源远流长的轨迹，幸乐得仿佛真理就在屋脊上，其实那时盘旋空中的是日本轰炸机，四野炮声隆隆，俄而火光冲天，我就靠读这许多夹新夹旧的书，满怀希望地度过少年时代。十四五岁，不幸胸腹有疾，未能奔赴前线，听那些长于我健于我的青年们聚在一起，吹口琴，齐唱"五呼月的鲜花，开遍了原野，鲜花啊掩盖着志儿士的鲜血……"觉得很悲壮，又想，唱唱不是最有用，还是看书吧。

以上内容又透露了大量信息：

其一，正因为木心善于对书籍"补缀装订"，非常爱惜，所以给茅盾管家的黄妙祥愿意将书大量借给木心。木心也乐此不疲，可以"把凡是中意的书，一批批拿回家来朝夕相对"。

其二，木心借阅的图书，版本都是非常讲究的。对国外名著的翻译，中国的翻译者都是下了功夫的。木心在自己的后半生对此经常大发感慨："我在三十年代的茅盾书屋见到这些北欧的译本，可见当时中国译者花了许多功夫，后来却看不到什么作用：延安，二流堂来的人，作品中有世界文学的影子吗？有中国传统文学的影子吗？"[①] 非常遗憾的是，这些外国文学的精良译本，对中国文学造成的影响却微乎其微。在木心看来，那些翻译家——主要是李健吾、盛澄华、李广田、卞之琳等人——作出的贡献甚至超过国内文学作者："三十年代后，有施蛰存、杜衡合

---

① 《文学回忆录》第五十三讲，687 页。

编《现代》月刊,又有戴望舒、梁宗岱等创《新诗》月刊。少年时代我很兴奋地看着他们的刊物,总觉得译作好,他们写得不好。"①这些翻译的外国文学的精品在国内没有造成什么影响,让木心感到惋惜。

其三,虽然是抗日战争的特殊年代,此时乌镇还被日军占领,但因为有书可解决自己如饥似渴的愿望,木心的少年时代依旧"满怀希望","小时候学校因为战争关门了,书全拿到我家里来"②。这为木心今后在文学艺术上蜕变式的发展奠定了基础。

其四,木心在"茅盾书屋"看到的国外名著主要有三大类:让木心感到"诚惶诚恐"的"世界文学经典";世界文豪们赠送茅盾的一些书,像"高尔基题赠、巴比塞们签名惠寄"的木心所谓"有趣的一类";鉴于茅盾先生在文坛的巨大影响,"五四新文艺浪潮各路弄潮儿"赠送给茅盾的书。其中第一类是木心阅读的主体。这些世界名著,木心在《文学回忆录》中屡有提及,陈丹青曾对这些书作过总结:"上世纪三十年代末,抗战初期,十三四岁的木心躲在乌镇,几乎读遍当时所能到手的书,其中,不但有希腊罗马的史诗、神话,近代以来的欧陆经典,还包括印度、波斯、阿拉伯、日本的文学。"③可见"茅盾书屋"收藏的世界名著种类之丰富以及木心涉猎外国名著范围之广泛。

其五,"茅盾书屋"收藏的世界文学经典对木心的影响怎么估量都不为过。木心自己也说:"我想,我常常想,如果没有这

---

① 《文学回忆录》第五十九讲,767页。
② 《文学回忆录》之《最后一课》,1073—1074页。
③ 《文学回忆录》之《后记》,1093—1094页。

些西方吹来的影响,我会是怎样一个人?每次都想不下去。"①
从《塔下读书处》来看,木心后来曾拜访茅盾,阅读世界名著的影响已经在木心身上体现出来:

> 之所以肆意发问,倒是出于我对茅盾先生有一份概念上的信赖,不呼"伯伯"而称"先生",乃因心中氤氲着关于整个文学世界的爱,这种爱,与"伯伯""蜜橘""题字"是不相干的,这种爱是那书屋中许许多多的印刷物所集成的"观念","观念"就赋我"态度",头脑里横七竖八积满了世界诸大文学家的印象,其间稍有空隙,便挂着一只只问号,例如,听到什么"中国高尔基""中国佐拉",顿时要反质:为何不闻有"俄国鲁迅""法国茅盾"的呢?

少年木心爱读书,在"茅盾书屋"广泛涉猎,这一点深得茅盾先生的赞赏:

"阿全说你很喜欢看书。"

"沈先生在乌镇的书,差不多全被我借了,你什么时候回乌镇,或者阿全伯伯这次转去就叫我家里派人送还,我一本也没有带出来。"

"房子要大修,以后再讲吧,听说你保管得很好,你这点很好,很好的。"

但最终,"茅盾书屋"里的书全部遗失,"可惜那许多为我所读过、修整装订过的书,历经灾祸,不知所终了,不能属于一代又

---

① 《木心谈木心——〈文学回忆录〉补遗》,139页。

一代爱书的人们了。"深感惋惜的同时,我们也要为这些书曾经浸润木心进而催化出木心心中文学、艺术的种子而感到庆幸。

少年木心的读书感受

凡是看过《文学回忆录》的读者,都会发出惊叹:木心怎么可能读了那么多书?那么,木心究竟读了哪些书?他阅读的时间跨度有多长?读过的书对木心究竟有什么影响?等等,都是非常值得研究的课题。其实,从童年时代接受家庭教师的教导开始,木心就开始阅读了;茅盾书屋的藏书,更使少年木心大开眼界。在这里,木心沉浸于名著的世界往返流连,《文学回忆录》和他的一些著作中都提到了他少年时代的读书感受。揣摩这些读书感受,我们不仅可以看出木心对文学的热爱,更能看出读书对他文学观的形成所起的作用。

一、对西方文豪画像的"一见钟情"与"心有灵犀"

木心是个非常迷信的人,在艺术上,他一直认为"人有前世的记忆"。这主要体现在他第一次看到很多西方文豪的名字与画像时所产生的那种亲切、仰慕与崇敬之情。

木心极其推崇拜伦,认为拜伦的一生"是十足的诗人的一生,是伊卡洛斯的一生"①。初次读到拜伦的名字,见到拜伦的画像,木心就有一种莫名的情感。

> 他(拜伦)是贵族、诗人、美男子、英雄,是多重性质的象征。我小时候一看这名字,还没读作品,就受不了了。再看画像,更崇拜。宝玉见黛玉,说这位妹妹好像哪儿见过。我见拜伦,这位哥哥好像哪儿见过。精神血统就是这样。②

木心将这种"心有灵犀"的感觉称为"精神血统",言下之意,自己与拜伦一样,也是为文学而生的。莫名喜欢某个文豪的名字、画像与作品,就如同宝玉和黛玉在离恨天有过约定一样,这种奇妙的感觉,木心认为预示着自己的未来。木心对拜伦的崇拜贯穿了他的一生,他后来甚至将天上的奇异现象比作拜伦重现。

> 1948年我乘海船经台湾海峡,某日傍晚,暴雨过后,海上出现壮丽景色:三层云,一层在天边,不动,一层是晚霞,一层是下过雨的云,在桅杆飞掠——我说,这就是拜伦。
>
> 而我当时的行李中,就带着拜伦诗集。③

只因为身边带着拜伦的诗集,只因为当时正好出现雨后云彩,木心就认为这"在桅杆飞掠"的雨后云彩就是拜伦诗集中的思想与自己产生共鸣的异象。类似异象,木心不止一次讲述过,最典型的一次就是陈丹青说起过的一件事。

木心,几次三番说起过一件事,带着自我的神话感,圆

---

① 《文学回忆录》第三十九讲,516页。
② 《文学回忆录》第三十九讲,512页。
③ 《文学回忆录》第三十九讲,515页。

瞪双眼。他说,加州的童明那年专程来杰克逊高地采访他,谈到深宵,有一刻,当他刚刚说出自以为绝好的意思,登时,窗台外不停不停地有只夜鸟欢叫起来,叫到黎明。木心迷信——或者,这就是他所谓的诗意——我听出他要我明白的意思:这被视为征兆的鸟叫,不是关于俗世的命运,而是,天界正在报告他的非凡。①

同样的道理,木心第一次见到爱尔兰诗人叶慈的名字,也产生了共鸣。

> 叶慈是我少年时期的偶像,一听名字,就神往,这种感觉我常有,许多人也有。这道理要深究下去,很有意思——人有前世的记忆(我最早看到的还是"夏芝"的译名,已觉得很好了)。②

叶慈的中文译名很多:夏芝、叶芝、夏慈、叶慈,等等。奇怪的是,无论采用哪种译名,木心都觉得很亲切,很"神往",木心将原因归结为"人有前世的记忆"。言下之意,在前世,木心和叶慈就如同神瑛侍者与绛珠草一样相遇过,交流过。两人莅临人间,通过文学的纽带再次相逢。

除了拜伦与叶慈,木心一见如故的作家还有很多。

> 我小时候心目中的诗人,就是雪莱、拜伦、普希金。秀丽,鬈发,大翻领衬衫,手拿鹅毛笔——那时看到这副样子,就觉得是诗人,美煞,却没想到"诗"。③

---

① 《杰克逊高地》,《张岪与木心》,112页。
② 《文学回忆录》第五十四讲,692—693页。
③ 《文学回忆录》第四十讲,522页。

> 记得我小时候一见他的画像,一听到他的名字,就以为懂得了什么是法国浪漫主义:鬈发,长长的鬓角,大眼,甜美的口唇,高领黑大衣,一手插进胸口,名字又叫夏多布里昂!①

木心似乎天生就具有热爱西方文豪与文学的动力与情感,这与他少年时在"茅盾书屋"广泛涉猎西方名著有着不可分割的关系。如果没有"茅盾书屋"的熏陶,木心会不会出走西方,的确要打一个大大的问号。

二、对西方文学的认识经历:由痴迷到客观

少年木心起初对西方文学非常痴迷,这种痴迷首先体现在阅读时的沉醉与读后的模仿。如对法国诗人波德莱尔作品的痴迷。

> 不忘记少年时翻来覆去读《恶之花》和《巴黎的忧郁》的沉醉的夜晚。我家后园整垛墙,四月里都是蔷薇花,大捧小捧剪了来,插在瓶里,摆书桌上,然后读波德莱尔,不会吸鸦片,也够沉醉了。②

读波德莱尔的《恶之花》与《巴黎的忧郁》,时间是令人"沉醉的夜晚",阅读方式是"翻来覆去"地读,阅读背景是伴随着蔷薇花的清香。这种阅读环境与氛围,使木心沉醉于诗歌的意境无法自拔。再如读《圣经》,木心的直接感受是"我少年时一触

---

① 《文学回忆录》第四十三讲,561页。
② 《文学回忆录》第四十七讲,601—602页。

及《圣经》,就被这种灵感与气氛吸引住。文字的简练来自内心的真诚"①;读但丁的作品,木心说"少年时曾在故乡沉醉于但丁的《新生》"②。

少年木心不仅读西方作品,还经常模仿作者。

> 卡夫卡郁郁寡欢,老在疗养院过日子。写作勤奋,老不满意,毁掉,所以作品很少。1922年病重,辞职。两年后死。托布罗德烧毁他的全部作品。布罗德答应,卡夫卡死。布罗德想想不能烧,乃出卡夫卡全集。
>
> 我小时候读到这里,感动。卡夫卡境界是高的。我从小也想写,写后烧,真是少年不知"烧"滋味。烧不得的!但境界真是高。③

试图模仿卡夫卡写后将作品烧掉,认为这种做法是极高的境界,听起来可笑,却足以看出木心对卡夫卡及其作品的推崇。少年时代就已经有了成人作家的意识,可见木心对文学的挚爱。

木心有时还将西方作品与中国文学作比较,得出自己的结论。他比较西塞罗与战国纵横家的作品:"少不更事时很爱读西塞罗的散文,觉得他较战国的纵横家要好,好得多。"时至1990年,木心仍旧认为:"我还是认为西塞罗较苏秦张仪之流要好得不能比。"④木心的作品也深受西方文学与作家的影响,如木心把西班牙作家阿左林(1873—1976)看作是少年时期最好

---

① 《文学回忆录》第五讲,70页。
② 《木心谈木心——〈文学回忆录〉补遗》,11页。
③ 《文学回忆录》第六十五讲,845页。
④ 《巴珑》,广西师大出版社2013年第2版,107—108页。

的西班牙朋友,说:"我的散文风调受他影响的。"①

　　随着年岁增长与学识日渐广博,木心对西方文学逐渐有了客观认识,超越了少年时代的眼界。

　　这一方面体现在有些书是需要终身阅读的,生活阅历与知识层次越高,就越能觉察到书中的真醇与哲理。如托尔斯泰的《复活》,随着年岁增长,木心越读越觉得有意味。

> 我十几岁看时,浮光掠影,三十几岁读,基本上懂了。最近又读一遍,实在写得好。笔力很重,转弯抹角的大结构,非常讲究,有点像魏碑。十足的小说,不准许拍电影,演舞台剧。福楼拜、哈代、狄更斯都会钦佩这本书。试以别的小说来比,都会显得轻佻、小聪明、小趣味。②

　　少年时阅读"浮光掠影",中年时"基本上懂",晚年则觉得"实在写得好",这就是木心阅读《复活》的感受的变化。

　　再如读哲学著作,少年时不容易懂,只能随着思想的成熟慢慢领悟:"我少年时为了学哲学,吃足苦头,一字一句啃经典,不懂的地方总以为自己笨,只好死读硬读。特别是黑格尔,一次又一次读,后来关在地牢里,花三个月,第三遍读完了《小逻辑》,书上被我批得密密麻麻,好像有点悟了。"③

　　另一方面,少年时代对西方文学的认识有时是幼稚的,后来发生变化是很自然的事。少年时期木心接触叶慈的诗歌,光看"叶慈"这名字就产生了莫名的好感,晚年更是说"我和叶慈五

---

① 《文学回忆录》第三十八讲,1058 页。
② 《文学回忆录》第五十讲,651 页。
③ 《文学回忆录》第七十讲,898 页。

十年交情"①,可见对叶慈的推崇。但木心对叶慈诗歌缺陷的认识也是非常清楚的:"年少时,我一度很认同于威廉·巴特勒·叶芝,稍有见及他写'世界末日',什么喷火的巨兽,螺旋的上升……喔,即使是一个乡村孩童的幻想,也未免人云亦云,实在没劲。"②"我读叶慈的唯美,神秘诗,比较失望,不唯,不美。"③木心少年时代还曾迷恋过罗曼·罗兰的作品,晚年深受纪德的影响,断言:"罗兰的所谓轰轰烈烈,其实就是婆婆妈妈。理想主义,其实是一种感伤情调。法兰西忘掉了《约翰·克里斯朵夫》。罗兰的理想主义是英雄主义。英雄主义自卡莱尔来,但罗兰的英雄主义是迂腐的,无用的。"④

木心极力推崇西方文学,认为这些西方文学进入中国很不容易,因为这需要恰如其分的翻译。中译本如果抓不住原著的精髓,就是失败的。幸运的是,20世纪30年代的中国译者对西方文学的译介作出了巨大贡献,给西方文学进入中国提供了一扇窗。少年木心就是典型的受益者。但让人感到丧气的是,像木心这样的读者毕竟还是太少了,木心对此也有遗憾。

三、少年木心对中国传统文学的认识

从《文学回忆录》来看,木心的阐述重点放在西方文学上,

---

① 《文学回忆录》第五十四讲,700页。
② 《大回忆》,《伪所罗门书》,129页。
③ 《文学回忆录》第五十四讲,700页。
④ 《文学回忆录》第五十八讲,746页。

中国传统文学反而处于次要地位。但是,在推崇西方文学的同时,木心也没有完全漠视传统文学。他在自己的少年时代便显示出对传统文学的独到见解。

木心十岁时读《文天祥传》,便产生了别人在这个年龄无法体悟的疑问。

> 十多岁时读《文天祥传》,读到"自奉甚丰",觉得很投契,读到"轩眉入鬓,顾盼晔然",觉得很漂亮,很喜欢他,再读到他年轻时有一次走进宗祠,看到先祖们都曾有官衔有封赠的称号,他叹道:"殁不俎豆其间,非夫也。"我便感到索然无趣——一是我的年龄使我不向往"俎豆其间",二是我生性顽劣,本能地感到功名富贵很麻烦,勿开心。古代的英雄豪杰似乎在童年就非常自觉,真是这样的吗?①

这种质疑非常有道理。中国传统社会里,一个人一旦有了一定的历史影响,在文学或史书的记载上,其出生经过、成长历程乃至人生事迹往往会被添上一些奇异的或附会的因素,以此来强化人物的形象特质。这种塑造人物的特点,木心在十岁时就已经有了清晰的认识。

木心少年时期在母亲沈珍的教导下读杜诗,从那时起木心就认为杜诗成就非凡,凡是达不到杜诗标准的诗都不能算是真正意义上的诗,为此还闹出过笑话,可参看本书第一、二章。很多文学作品对少年木心都产生过心灵上的震撼。关于《桃花扇》,木心认为:"最精彩是文字流利,我小时候读,爱到至于手

---

① 《战后嘉年华》,《鱼丽之宴》,125—126 页。

抄,有快感。"①《牡丹亭》中的艳词被《红楼梦》所继承,木心读这两本书,完全沉浸于书中的意境,得失俱忘,茫然若失。

前有《牡丹亭》,后有《红楼梦》,曹雪芹也赞美,借宝黛之口,竭力称赞。这种情致,现代青年不易共鸣。我少年时家有后花园,每闻笛声传来,倍感孤独,满心欲念,所以爱这两句"良辰美景奈何天,赏心乐事谁家院"。②

对于作品中的一些英雄人物,木心终身都念念不忘,可见文学作品对木心的影响之深。"我少年时就羡慕那黄衫客(《霍小玉传》中的黄衫客),无名无姓,仅颜色,也没有通讯地址,妙极……我至今愿意寻找他。"③

由于阅历所限,对文学作品中的一些情节,少年木心尚存在疑问,无法理解;等到能够理解的时候,出于对作品狭隘思想性的认识,木心对这样的作品又失去了兴趣。如对于清代作家陈森描写同性恋的《品花宝鉴》,木心言:"我小时候偷看,莫名其妙,其中有伶人杜琴言者,我以为是女伶,其实是男子。后来看懂了,就失去兴趣了。"④

木心少年时代就已经广泛涉猎古今中外的传统经典,对这些经典名著的认识有时肤浅,有时深刻。随着阅历的丰富与文学见解的加深,他对少年时期读过的作品的看法也逐渐发生转变,变得更加理性、客观、成熟。更难得的是,他对中外作家的推

---

① 《文学回忆录》第三十八讲,490 页。
② 《文学回忆录》第三十三讲,414 页。
③ 《文学回忆录》第二十九讲,361 页。
④ 《文学回忆录》第五十六讲,724 页。

崇绝非无原则的,而是将他们的作品放在人类历史与文学衍变的大背景下来科学看待,所以,他的见解是他的文学艺术思想逐渐趋于成熟的反映。但不管木心的文学见解多么高明、有深度,少年时期的读书感受终归是这些见解的基础与铺垫。

"艺术是前世的回忆"
——从木心的"迷信"看木心的艺术思想

要说木心是个"迷信"的人,恐怕很多人都不会相信,毕竟在他身上,博古通今、中西合璧的特征体现得极为明显,很难想象一个既接受中国古典教育又由衷接纳西方文明的学者身上会有浓烈的"迷信"色彩。这种"迷信"色彩既不同于西方各教的教义在信徒身上的体现,又不同于中国传统中对鬼神的信仰,木心身上的"迷信"色彩最主要体现于对艺术家身份的认同与极高礼赞。仔细解析这些"迷信"色彩,也可以从一个崭新的角度重新认识木心的艺术思想。

一、木心迷信的原因

木心非常迷信,这一点他身边的朋友都能感受得到。和他最亲近的陈丹青曾说:"他迷信,几次说及幼年的卜卦,说是算命先生嘱咐他母亲:'孩子一定要离开血地!''血地',旧说乃指出生之所。"①木心十七岁就离开乌镇,半个多世纪后才回来定居,不知其中有没有算命先生的论断之故。

木心思想的一大基点就是对过去民俗社会的深沉缅怀与追思,这应当是木心有着迷信思想的重要原因之一。木心小时候生活的乌镇,位于传说中凤凰所落宝地之桐乡,凤栖梧桐的传说至今在桐乡仍旧家喻户晓。木心后来在美国给陈丹青等人授课的时候就说到过小时候凤凰现身桐乡的故事:"我外婆家开地毯厂,晒开来,有一天忽然飞来一只凤凰,周围都是鸟叫。学徒看见了,回来告诉老板,老板赶过去,什么也没有。"引用这个百鸟朝凤的传说,实际上反映出木心对艺术家的推崇:"你是艺术家,你就是人间的凤凰,一到哪里,人间的百鸟就会朝凤——你这凤凰在百鸟中是一声不响的。"②

凤凰是传说中的神鸟,诞生于混沌初开的盘古开天辟地时期,乃飞禽之首,这在《西游记》中说得非常清楚。既然是传说中的神鸟,凤凰在现实中哪有现身的机会?但木心对凤凰却深信不疑。凤凰的故事流传于民俗社会时期的乌镇,可见民俗社会在木心身上的烙印之深,他相信民俗社会里诞生的迷信之物,哪怕是荒诞的事物;木心将艺术家比作"人间的凤凰",又可见木心对艺术是多么崇敬。

木心非常相信算命与相术,认为这些都有着一定的合理依据:"巫术,是一种统计学,千百年来积累了无数统计例,算来往

---

① 《守护与送别——木心先生的最后时光(下篇)》,《张岪与木心》,54页。

② 《文学回忆录》之《最后一课》,1074页。

往神奇、准确。有什么生辰八字、什么面型五官,就有什么样的遭遇,这是'然'。为什么会这样?谁决定这样?讲不出,不知其'所以然'。所以算命相术不是哲学。"①"然",就是结论正确;但"不知其'所以然'",就是无法找原因。木心非常相信算命的结论:"我以前在台湾南部写生的时候,抬头看到天空一张笑脸正对着我。我算卦的时候,总是与我心里想的暗合。非常准。"②不仅如此,算命有时还导致木心在艺术方向上的转变。木心不止一次说过算命对自己艺术方向的影响。

> 记得有次寄出稿件后,卜了一签——"小鸟欲高飞,虽飞亦不远,非关气力微,毛羽未丰满。"好厉害!上帝挖苦我,我不再写诗而专心画图了。……因为我年轻无知,才会真的写了一本《哈姆雷特泛论》。从此,就此,一篇篇写下去。某日独游灵隐寺,又拔了一签:"春花秋月自劳神,成得事来反误身,任凭豪夺与智取,苍天不福有心人。"——这次可不是挖苦而是警告了。③

木心自视极高,始终将"知易行难"的艺术家作为自己终身追求的目标,并且他也相信自己就是个天才艺术家,因为这是算命先生对他做出的剖断:"以前在西湖散步,一个看相的从后面叫:'大艺术家,你好!'他说我有姜太公之相,是可以辅佐周文武的人。我当时想,我不喜欢做姜太公,所以没有搭理他。他其

---

① 《文学回忆录》第七十四讲,956页。
② 《晚年木心先生谈话录》,《木心逝世两周年纪念专号:〈温故〉特辑》,260页。
③ 《海峡传声——答台湾〈联合文学〉编者问》,《鱼丽之宴》,21—22页。

实是有学问的。我应该给他点钱,和他聊聊。他的专业知识还蛮扎实。"①木心小说《寿衣》中算命瞎子给陈妈算命,结论与陈妈之前的遭遇完全相符,论断也符合陈妈后来的人生轨迹,这可谓木心相信算命的间接证据。

木心的很多作品都写到了民俗社会时期的乌镇生活,尤其是乌镇民间文化对自己的影响。《文学回忆录》《海伯伯》《塔下读书处》《夏明珠》《寿衣》等,都涉及乌镇的世俗风情,有很多篇幅写到了木心童年时期听到家里仆人讲述民间文学,这些民间文学中难免有很多迷信情节,木心对此都深信不疑。如:军队出征前旗杆突然被风吹断,主出师不利②;"有人打算与李世民争天下,先去见他。李世民衣着随便地走进来,那人一看,大惊,自动投降、缴械,承认他比自己高。这是古代小说里面的故事,但是有道理"③;等等。

不仅相信中国民间故事中的迷信情节,谙熟西方经典的木心也相信"耶稣降生马槽,三博士看到流星划向东方,于是赶去东方朝圣"的故事,原因就在于"三维的宇宙尚有一些我们并不了解的神秘的力量存在","科学家无非是把整个宇宙解释成物

---

① 《晚年木心先生谈话录》,《木心逝世两周年纪念专号:〈温故〉特辑》,266页。

② 《晚年木心先生谈话录》,《木心逝世两周年纪念专号:〈温故〉特辑》,260—261页。

③ 《晚年木心先生谈话录》,《木心逝世两周年纪念专号:〈温故〉特辑》,266页。

质世界"①,而科学家的做法却是有缺陷的。

所以说,木心有着浓厚的"迷信"思想是童年时期乌镇民俗社会的影响加上他独有的宇宙观所致。木心将迷信与艺术联系起来,认为艺术家是百鸟中的凤凰,相信自己是个天才艺术家。这些,都说明木心身上迷信与自信并存的特质。

二、"相从心生"

木心相信"相从心生",即一个人的相貌体现出一个人的固有素养、身份与前景,尤其前景,更是可以从一个人的相貌上体现出来。前文所举与他人对李世民帝王之相的认同以及西湖边看相的对木心艺术家身份的预测,都是木心深以为然的。

木心曾经向曹立伟说起过一件趣事:托尔斯泰、契诃夫和蒲宁三人一起喝咖啡,看到窗外某个行人,托翁提议每人描述一下。托翁先描述那人的性格,契诃夫谈那人的身世,轮到蒲宁,蒲宁望了那人一下,说,是个坏人!托翁听了一愣,立刻赞美。故事说到这里,木心说:"就那个评论而言,蒲宁最厉害,不说什么衣着啊、职业啊、特征啊,什么的,不说那些,直指灵魂。"对木心的评论,曹立伟不以为然,认为木心偏于以貌取人。木心听了,认真地说:"是的,但是呢,相从心生还是对的。"②

这种"相从心生",体现于木心对许多艺术家的身份认同。

---

① 《晚年木心先生谈话录》,《木心逝世两周年纪念专号:〈温故〉特辑》,261页。

② 《木心片断追记》,《木心逝世三周年纪念专号》,181页。

在乌镇安度晚年的木心

木心认为,艺术家之"相",是很显然的,体现于艺术家的外貌与气质。如他对斯特林堡的评价。

> 斯特林堡是个精力充沛、性情乖僻的人。易卜生初见他的照片,说:这个人将来比我更伟大(现在看,我认为易卜生还是比斯特林堡更伟大。他凭照片能出此判断,已经伟大)。斯特林堡长相雄伟,像海盗王,人称"暴风雪之王"。①

斯特林堡像"海盗王"的雄伟长相,使易卜生认为他必将会成为超越自己的艺术家,木心虽然不完全认同易卜生的观点,但也不否认斯特林堡的伟大。再如卡夫卡。

> 卡夫卡的荣誉超过了他的实际成就。写甲壳虫和地洞中的鼹鼠,我原先就觉得不对。卡夫卡是有精神病患的。但是,卡夫卡,你去看他那张脸,多伟大啊。②

> 卡夫卡这个名字一听就好像不得了。等到看见照片——这么苦命。从耳朵、眼睛,一直苦到嘴巴。这么苦命,和中国贾岛一样。③

木心认为,卡夫卡面相"苦命"但又"伟大",这与卡夫卡的人生经历大有关系:卡夫卡终身郁郁寡欢,老在疗养院过日子,又有严重的肺病,所以说此君"苦命";卡夫卡老是喜欢"焚稿",境界极高,临终嘱托好友布罗德烧毁他的全部作品,但最终被好

---

① 《文学回忆录》第五十三讲,685 页。
② 《晚年木心先生谈话录》,《木心逝世两周年纪念专号:〈温故〉特辑》,260 页。
③ 《文学回忆录》第六十九讲,853 页。

友保留下来,这些作品成就了卡夫卡的"伟大"。从卡夫卡"苦命"且"伟大"的面相上,木心就认为卡夫卡是个天才的艺术家。

木心自视极高,且认为自己就是天才的艺术家,这也体现于他认为自己的面相与著名艺术家面相有相似性上。

> 法国诗人兰波、俄国诗人马雅可夫斯基,面容很像,像极了。
>
> 兰波的相片摄于一八六九年。
>
> 马雅可夫斯基的相片摄于一九〇九年。
>
> 智利诗人聂鲁达把这两张相片挂在一面墙上,酷肖的程度,认为有某种神秘天谕。
>
> 我认为:偶然,纯属巧合——偶然的巧合的以上的意义,绝不是聂鲁达能说得明的。
>
> (聂鲁达果然说了,说了一大篇,果然越说越糊涂。因为聂鲁达的脸不像兰波,不像马雅可夫斯基)[①]

木心不赞同聂鲁达对兰波和马雅可夫斯基两人面容极其相似的解释,认为两人相貌相似既有"偶然的巧合",更有"偶然的巧合的以上的意义"。"偶然的巧合的以上的意义"是什么?木心认为聂鲁达无法解释,因为聂氏的相貌与兰波与马雅可夫斯基根本不像,倒是邱智敏先生看出了木心的心思。

> "在最高意义上,一个人的相貌,便是他的人。"木心先生的脸(尤其晚年),如兰波和马雅可夫斯基,有着"偶然的巧合的以上的意义"。这层意义非才识非想象力所能说

[①] 《聊以卒岁》,《即兴判断》,106—107页。

明,而是艺术的天性——如木心的"心",是草木之"芯",柔弱无形却能破土而出,随性自在的生命精魂。①

原来如此!因为木心认为自己的相貌与兰波和马雅可夫斯基非常相似,这体现出艺术家之间共有的"艺术的天性",这才是"偶然的巧合的以上的意义"。此论切中肯綮!木心曾言:"听到聂鲁达说马雅可夫斯基和兰波很像,我心中狂喜。没有人知道我为什么狂喜。我写他,心中充满对他的爱。因为是爱,不能不说实话。"木心"狂喜"的原因,一方面在于兰波、叶赛宁和马雅可夫斯基是艺术家中的三大美男子,与其中的两人长相酷似,岂不是说自己也是美男子一枚?另一方面,木心与兰波、马雅可夫斯基相貌酷肖,意在说明自己和他们一样,都有艺术家之"相",自然也是真正的艺术家。这正是木心梦寐以求的。

木心相信"相由心生",信奉"以貌取人",这一点也为朋友所熟知。木心交友谨慎,且十分挑剔,"进入他视野认可为朋友,首先他得认为其人品可靠,对己不会有什么伤害,同时确信'相由心生',认为人是可以貌相的。木心曾学过看相,因此也常以貌取人。"②

木心看相,也常常能够看出人的"恶俗"之相。"相人相骨,且看多少人俗骨牵牵。"③看来有"俗骨"的人是非常普遍的。"撇开美学观点,仅就生理功能而言:眉淡眼小,鼻扁牙龅,臂低

---

① 邱智敏:《哥伦比亚无倒影——木心文学泛论》,《木心纪念专号:〈温故〉特辑》,92页。

② 《木心上海往事》,9页。

③ 《云雀叫了一整天》,231页。

腿短,胸平肩削,颈细背弯,发稀毛疏……皆非良征。"[1]没有"良征"之人,往往在相貌上都有共性:"妙的是真有'小聪明'这样一个类族,遇事伶俐过人,动辄如鱼得水,差不多总是中等身材,不瘦不肥,面孔相当标致,招女婿、干女儿的料,如果无机会作祟,倒也花鸟视之,看在眼里不记在心里,可是'小聪明'之流总归要误事坏事败事,只宜敬'小聪明'而远之,然后,又远之。"[2]这种人的典型代表就是吸毒程度逐渐加深并且在书中将吸毒美其名曰"麻醉革命"的巴勒斯,"这些人都长得很像,不胖不瘦,不长不短,伶牙俐齿,凡事一听即解——容易上当。"[3]

木心对形象"恶俗"之人,往往有一种莫名其妙的排斥。形象"恶俗"之人即便身处难中,也难以勾起木心的同情与怜悯,这一点木心没有隐晦:"我一向自私,而且讲究人的形象,形象恶俗的弱者,受苦者,便很难引起我原已不多的恻隐之心。我每每自责悭吝,不该以貌取人;但也常原谅自己,因为,凡是我认为恶俗的形象,往往已经是指着了此种人的本心了。"[4]在木心看来,形象恶俗,往往就意味着人的"本心"也是恶俗的。

三、命运预兆、人与生灵的思想的共通

木心不仅相信"相由心生",而且相信人的命运是可以依据

---

[1] 《仅就功能言》,《素履之往》,59 页。
[2] 《白马翰如》,《素履之往》,30 页。
[3] 《文学回忆录》第八十讲,1024 页。
[4] 《同车人的啜泣》,《哥伦比亚的倒影》,61 页。

生活中的一些迹象进行显现与预测的;同时,自然界的生灵与人的思想情感也往往有着共通性,与人类同喜同悲,这在木心的散文《九月初九》中有深刻的说明。

> 中国的山山水水花花草草之所以令人心醉神驰,说过了再重复一遍也不致聒耳,那是真在于自然的钟灵毓秀,这个俄而形上俄而形下的谛旨,姑妄作一点即兴漫喻。譬如说树,砍伐者近来,它就害怕,天时佳美,它枝枝叶叶舒畅愉悦,气候突然反常,它会感冒,也许正在发烧,而且咳嗽……凡是称颂它的人用手抚摩枝干,它也微笑,它喜欢优雅的音乐,它所尤其敬爱的那个人殁了,它就枯槁折倒。池水、井水、盆花、圃花、犬、马、鱼、鸟都会恋人,与人共幸蹇,或盈或涸,或茂或凋,或憔悴绝食以殉。①

木心曾说到过一件事:

> 在美国有一次和童明聊到晚上两点,忽然外面的鸟都叫起来了,一大群。他说不会是天亮了吧,我说,是它们感受到思想的光了。思想有光,人感受不到,鸟先感受到了。
>
> 我母亲死的那一年,她种的那株月季也凋殒了。②

关于此事,陈丹青记载得非常详细(见 P174—175"木心,几次三番……"引文)。

在木心眼里,特定情境下的鸟儿欢鸣、月季枯萎,其实都是生灵因为感受到人的光辉或死亡的有灵性的反应。

---

① 《九月初九》,《哥伦比亚的倒影》,9—10 页。
② 《晚年木心先生谈话录》,《木心逝世两周年纪念专号:〈温故〉特辑》,263 页。

月季枯萎,是因为主人死亡;那么,枯木逢春呢? 木心说:

> 我欣赏另一种传说:《牡丹亭》试演时,当时有玉兰树久不开花,丝竹管弦起时,满树齐开花——这种传说,真的,也好,假的,也好。①

类似传说,当然不可能是真的,所以木心说"假的,也好"。但木心又真心希望这样的传说是确实存在的,因为《牡丹亭》描述的爱情实在过于唯美浪漫,唯有枯木逢春,才能间接显示出这个剧本的价值。所以木心又说"真的,也好"。

人的命运的预兆,主要体现在人的脸上:"现在正巧是一个先知辈出也无济于事的时代,谈不完的卡夫卡,其实他是个'预兆',二十世纪的不祥之兆,他的作品、人、脸、眉目,都是'预兆'。并没有'卡夫卡'模式,萦心不去的是'卡夫卡现象'。"② 前文已经说过,卡夫卡的脸,实在是苦透了,正因为"苦"得太深,就不仅是个人悲惨命运的预兆,而且还是整个20世纪的不祥之兆。木心一直认为20世纪是令人厌恶的商品社会,生活在这样的社会里是倒霉的事,他垂青的,是天才辈出的18、19世纪。所以,将生活于19、20世纪之交的卡夫卡的过"苦"的脸作为令人生厌的20世纪的象征与预兆,就不是什么奇怪的事。

接下来就是个人命运的预兆了。这体现于生活中的方方面面。

1. 手掌

木心言:"我看过林风眠先生的手掌,掌纹有断裂,人生会

---

① 《文学回忆录》第三十三讲,413页。
② 《爱默生家的恶客》,《爱默生家的恶客》,99页。

大起大落。"①林风眠先生"大起大落"的人生经历,木心在《双重悲悼》中已经说得非常清楚了。

2. 无意之笔,不祥之句

世上有几对伟大的朋友,歌德和席勒是模仿,至死不渝。每年元旦,两人都要写信祝贺,1805年,歌德无意写上"最后的一年",惊觉不对,换了纸重写,又出现"我们二人中,总有一个是最后之年"。

席勒终于是年死。②

3. 作品题目

德国诗人奥尔格·海姆(1887—1912年),曾见人落在水里,跳下去救人,结果自己死了,年仅二十五岁。"他生前出过一本诗集《永恒的一天》,这题目不祥。"③

4. "被人挂在嘴上"

从前我和李梦熊谈卡夫卡,其实都没有读过他,都是骗骗自己。来美国后只听港台文人卡夫卡、卡夫卡,家里还挂着他的像——我心中觉得情况不妙。一个人被挂在嘴上,总是不妙。④

当然,一个人的命运预兆尤其艺术家身份的命运预兆,最主要还是体现于人的"面相",这在木心的作品与言论中比比皆

---

① 《晚年木心先生谈话录》,《木心逝世两周年纪念专号:〈温故〉特辑》,266页。
② 《文学回忆录》第三十七讲,482页。
③ 《文学回忆录》第六十六讲,860页。
④ 《文学回忆录》第六十六讲,852页。

是。如木心评价美国作家爱·伦坡："他穷,但深知自己的才华、伟大,他是真的贵族,高额头,一副苦脸,像猫头鹰,深沉。"①评价美国作家梭罗(1817—1862),木心说:"看他的相,还是一个知识分子。"②也就是说,作为艺术家尤其真正的艺术家,他的面部特征还是有迹可循的,曾经学过算命的木心对此非常有心得。

四、"艺术是前世的回忆"

见到艺术家的那种"心有灵犀",就是木心所说的"艺术是前世的回忆"。木心在很多场合都说过自己第一次见到艺术家的画像时的那种特殊的感受。

1. 叶慈

叶慈是我少年时期的偶像,一听名字,就神往,这种感觉我常有,许多人也有。这道理要深究下去,很有意思——人有前世的记忆(我最早看到的还是"夏芝"的译名,已觉得很好了)。③

2. 音乐家和世界三大短篇小说巨匠

我小时候不看这类不许看的书(作者注:指"三言""二拍"等话本以及明代拟话本《醉醒石》《石点头》《今古奇观》等),冷静明白:这不是文学。……到后来,听到勃拉姆

---

① 《文学回忆录》第五十五讲,708 页。
② 《文学回忆录》第五十五讲,716 页。
③ 《文学回忆录》第五十四讲,692—693 页。

斯、舒伯特、瓦格纳,看到莫泊桑、契诃夫、欧·亨利,一见如故:这就是我所要的音乐、文学!这种本能的选择分辨,使我相信柏拉图的话:"艺术是前世的回忆。"纪德也说得好:"艺术是沉睡因素的唤醒。"再换句话"艺术要从心中寻找。"你找不到,对不起,你的后天得下功夫——你前世不是艺术家,回忆不起来啊。①

3. 诺瓦利斯

木心曾在多种场合说到过初见诺瓦利斯时的那种特殊"因缘"。

(1)早年,偶见诺瓦利斯的画像,心中一闪:此卿颇有意趣。之后,我没有阅读诺瓦利斯作品的机会。近几年时常在别人的文章中邂逅诺瓦利斯的片言只语,果然可念可诵——诺瓦利斯的脸相,薄命、短寿,也难说是俊秀,不知怎的一见就明白有我说不出的某种因缘在。②

(2)想起诺瓦利斯,十八世纪德国的 Novalis,柔发稀疏,玻璃花如的面容,不满三十岁就离开尘世,初次见到他的画像,就觉得以后会想起他,那种引人怜惜的脆肉,是否锋锐的灵智必定要有如此头颤然欲碎的形相呢,他曾说:

"哲学原就是一种乡愁的冲动,到处去寻找家园。"

科学,更是一种大乡愁的剧烈冲动。③

(3)我少年时见他(作者注:诺瓦利斯)一张铜版肖像,

---

① 《文学回忆录》第三十四讲,439页。
② 《疱鱼及宾》,《素履之往》,13页。
③ 《与尔靡之》,《素履之往》,118—119页。

眼神特殊,一直不忘——人是可以貌相的。从他身上说,以貌取人是行得通的。心有灵犀,一点是通的。有诗集《零片集》。他的句子,一读狂喜,通灵。①

4. 博尔赫斯

博尔赫斯(1899—1986),阿根廷著名作家。木心说:"1899年生——比我大二十八岁,应该称他文学前辈,感觉上他是我文学表哥——从小热爱文学,这非常对。说起来也怪,没有考虑的,就喜欢,谁也没有告诉你:你要去爱艺术。都是不假思索。仔细想想,这很怪。现在我想通了:这是命,命里注定的。中国叫作命有文昌。命无文昌的人,出身书香之家,也等于文盲。"②

以上例子,可以看出木心的想法:他始终认为自己的前世就是艺术家,今生与艺术是有缘的,成为艺术家是"命中注定"的,自己"命有文昌"。因此,无论对音乐还是文学,他都有一种天然、本能的悟性与赏鉴力,并且与之产生共鸣。正因为有这种想法,他才决定不辜负艺术对自己的教养,决定做一个"知易行难"的艺术家。

真正的艺术家,在相貌上是独一无二的,非常有特色,并且往往非常俊美。这就是木心的想法。木心非常崇拜个性十足的拜伦,"司汤达在世上最崇拜拿破仑和拜伦。由此在意大利,一晚会据称有拜伦。司汤达大喜,去,原来座位就在拜伦旁边。远远看见拜伦入场,他已昏昏沉沉,根本无心听音乐。他说拜伦皮

---

① 《文学回忆录》第四十八讲,613页。
② 《文学回忆录》第八十三讲,1055页。

肤如大理石中点了灯。那晚,他说未听到音乐,但看到了音乐。"①司汤达认为拜伦的肤色"如大理石中点了灯",可谓极其俊美了,木心却认为司汤达的说明还不够深入:"拜伦本人的肤色就精妍得宛如云石中点了灯(我相信司汤达不致言过其实,恐怕还是言不能过实哩)。"②木心甚至把拜伦的俊美与壮阔的自然现象联系起来(见P174"1948年……"引文)。

木心称勃朗宁的诗"淡远简朴中见玄思",勃氏是个"博大精深"的诗人,纪德称其为"四大智星"之一。"他像一座远远的山,不一定去爬,看到他在,我就很安心。他相貌极好。"勃朗宁的夫人伊丽莎白,"是英国女诗人中最有成就的,相貌也极美"。③ 再如木心认为乔治·吉辛"长得俊美,聪明"④,托马斯·卡莱尔"是很有魅力的男人,长得雄伟,爱默生推崇备至,敬爱他"⑤。"在世界诗人中,兰波、马雅可夫斯基、叶赛宁三人,长得最漂亮。叶赛宁像天使,兰波无确切照片画像可参考,一张一个样。"⑥"莱蒙托夫也死于决斗。他的大眼睛泪汪汪的,真是悲剧的眼睛,天才诗人的眼睛。"⑦"卢梭长得很俊,这类人都长得蛮好看,这是他们的本钱。"⑧

---

① 《文学回忆录》第三十九讲,515—516 页。
② 《草色》,《爱默生家的恶客》,20—21 页。
③ 《文学回忆录》第四十讲,527 页。
④ 《文学回忆录》第四十一讲,544 页。
⑤ 《文学回忆录》第四十二讲,552 页。
⑥ 《文学回忆录》第六十九讲,884 页。
⑦ 《文学回忆录》第五十讲,638—639 页。
⑧ 《文学回忆录》第三十六讲,468 页。

勃朗宁夫妇、吉辛、卡莱尔、兰波、叶赛宁、马雅可夫斯基、莱蒙托夫、卢梭等人,要么相貌极美,要么威武雄壮,要么眼睛非凡,这与他们艺术家的身份是相匹配的。反之,有的艺术家,因为相貌不尽如人意,即便作品令人佩服,也不能深得木心的青睐。如木心评价萨特:"萨特介入中国'文化大革命',他演砸了。别的戏,他演得很成功。我生来讨厌戏子,看他照片,即觉得非我族类。"①"我看到存在主义时想:存在主义行,萨特不行。他那张脸你看看。"②"他(指萨特)长得难看,又崇拜'文革',我起初讨厌,后来看了作品,还是佩服他。"③即便佩服,也不能深得木心之心。

木心从不相信天才能够遗传。艺术家一旦去世,就带走了满腹才华,他们的后代不仅远远逊色于先辈,而且在相貌上也缺少了先辈的机灵与俊美。"莫扎特他们都是无后的,前几天报纸上报道莫扎特的第七代子孙,还有照片,喔哟,你看那些人的蠢像,愚钝麻木,和莫扎特有什么关系呀!天才都是吝啬的,不肯把才华给别人,不肯的!"④"我讲的中国,是指嵇康他们。我讲俄国人,是讲普希金,不是讲他的第九世孙——一个大胖子,又胖又蠢。"⑤在木心眼里,艺术家的才华与相貌是成正比的,艺术是非常吝啬的,不会随着艺术家的基因而传承下去。

---

① 《文学回忆录》第七十二讲,924页。
② 《文学回忆录》第七十一讲,904页。
③ 《文学回忆录》第七十讲,889页。
④ 《木心片断追记》,《木心逝世三周年纪念专号》,177页。
⑤ 《文学回忆录》第四十八讲,614页。

木心信奉"以貌取人",认为生命轨迹与人生发展在人的外貌特征与行事作风中有着一定的规律。他尤其崇尚艺术家之"相",相信真正的艺术家必然有着让人称道的外形与肖像,同时,他依据自己初次见到艺术家画像产生的那种难以言表但确实存在的亲近感,果断认为自己"命有文昌",是艺术家的再次转世。既然"艺术是前世的回忆",自己就不能辜负艺术对自己的教养,这恐怕也是木心这辈子献身艺术而从不后悔的重要原因之一。

论木心对文学、艺术的总结

木心对文学、艺术的追求直至他的文学艺术观的成熟,经历了一个非常艰难的过程,这个过程标志着木心对文学、艺术由幼年时的懵懂启蒙到最终形成科学见解的质变。木心在《文学回忆录》中多次说到过这个转变过程,也谈到回顾这个过程的心得与感悟。对这种心得与感悟进行探索,便于读者更加深刻地理解木心的治学态度、思想变动与心路历程,从中更能够看出木心的伟大与不易。

木心的幼年与少年是在乌镇度过的,十七岁去杭州求学,之后报考上海美专,1982年前往美国,这是木心在国内的大致人生轨迹。乌镇时期,虽然身处富家大族,但木心七岁丧父,可谓伤心事之一。他后来回忆此事,阐述此事对自己的影响:

我七岁丧父,只记得家里纷乱,和尚尼姑,一片嘈杂,但我没有悲哀。自己没有悲哀过的人,不会为别人悲哀,可见欣赏艺术必得有亲身经历。1956 年我被迫害,死去活来,事后在钢琴上弹贝多芬,突然懂了,不仅懂了,而且奇怪贝多芬的遭遇和我完全不同,何以他的悲痛与我如此共鸣?

细细地想,平静下去了,过了难关。我当时有个很稚气的感叹:"啊,艺术原来是这样的。"那时我三十岁,我的意思是说,三十岁之前自以为颇有经历,其实还是浅薄。

父亲去世,木心因为年纪小,所以没有悲哀。这是童年的幼稚与不谙世事所致。木心之所以说这段幼时故事,主要是为了解释雨果的诗句"悲哀是一只果子,上帝不使它生在,太柔软的载不起它的枝上"的伟大。雨果的诗主要写一位聪明活泼的五岁小女孩在母亲的葬礼上因为毫不知情而"嬉闹唱歌如常",这与幼年木心在父亲去世时"没有悲哀"是一样的。诗歌中的沉痛之情,就如同亲人葬礼上的悲哀一样,没有丰富的人生阅历是无法体会的。所以木心称赞雨果的诗:"这无疑是诗人的头脑,心肠柔软,而头脑冷冽,雨果又有才,写了出来。"[①]

同样的道理,1956 年受迫害,木心从音乐中获得了与贝多芬几乎相同的逆境中的悲痛感。这体现出木心高超的音乐悟性与人面对困境时的心有灵犀,同样也体现出对艺术的领悟需要人生的积淀:"三十岁之前自以为颇有经历,其实还是浅薄。"

领悟艺术,需要人生的积淀;这种积淀,有时需要相当长的时间,甚至要超过三十年。

[①] 《文学回忆录》第四十六讲,594 页。

小说一定要有生活体验。我小时候写作,环境、天气,都写好了,咖啡也泡好了,主角开口了——完了,不知道写什么对话呀。……我十四岁开始正式写作,弄个笔记本,什么都写,不停地写——写写到五十多岁,都算准备期。"文革"抄家抄走的,幸亏都是我准备期的。①

我探索了四十年,写了近千万字,大部分毁了。自毁。一直这样过来,以为自己会写的。可是直到1983年,才知道以前的东西没有个性,好像替别人在写。②

木心出生于1927年,十四岁开始写作时为1940年,时至1983年到美国,前后竟达四十三年之久。木心认为自己这四十三年的成果是"准备期"的、"没有个性"的、"好像替别人在写"的。对"文革"中被抄走的上千万字的文稿,他似乎也不是很惋惜;更有甚者,这四十三年间,木心常常将自己的作品"自毁",只因为这些作品不符合他的高标准与高要求。一位艺术家对自己近乎苛刻的挑剔中透视出品质的可贵与艺术的不容亵渎。

在文学、艺术上确立自己的风格,的确需要相当长时间的积累,同时还需要博采众长:"我曾模仿塞尚十年,和纪德交往二十年,信服尼采三十年,爱陀思妥耶夫斯基四十多年,凭这点死心塌地,我慢慢建立了自己。不要怕受影响。"③"死心塌地"显示出对文学、艺术的痴迷,"慢慢建立了自己"即形成了自己的独有风格。

---

① 《文学回忆录》第七十九讲,1009页。
② 《文学回忆录》第七十七讲,980页。
③ 《文学回忆录》第五十三讲,688页。

读书,也需要兼收并蓄、汲取名家精髓。人生的每一个阶段,对读书的态度不一样,但随着时间的推移,伴随着虚心的态度,读书者终将有所得。

> 我少年时看书,求好又求全,五十年后,才能做到求好,不甚求全——但求全之心,不能没有,否则要降格,怎么办呢,有办法的,就是托尔斯泰那里求不到,别家去求,一家家求过去,在陀思妥耶夫斯基那里求不到,屠格涅夫那里求。再有欠缺怎么办呢? 还有一家,就是你自己——纪德有言:"做到人群中不可更替的一员。"①

少年时看书是浮躁的,"求好又求全",在木心看来是不现实的。直至五十年之后,才能做到"求好",试图"求全"仍旧不能实现。要想读书不"降格",只能抱有"求全"之心,虚心地一家家求将过来,最终如同小溪汇集大河,为我所有,"做到人群中不可更替的一员",使自己形成他人无法模仿的风格。

人生与艺术,其实是个相辅相成的过程。人生与艺术是什么关系? 这个问题曾争论了一百年之久。其实,人生是艺术的源泉,艺术是人生的映射,两者之间的关系根本没有争论的必要。但是这个道理,没有长期实实在在沉浸于艺术中的经历是无法领悟到的。这个看似深奥实则浅显的道理,木心直到四十岁才明白。

> 少年时,人说我是为艺术而艺术。不肯承认,也不敢反对,好苦啊。……大概到我四十岁时,顿悟了:为人生而艺

---

① 《文学回忆录》第五十讲,649 页。

术,为艺术而艺术,都是莫须有的。哪种艺术与人生无关?哪种艺术不靠艺术存在?……总之,一个文学家,人生看透了,艺术成熟了,还有什么为人生为艺术?都是人生,都是艺术。①

将人生活成了艺术的形式,将艺术当作了人生,这就是木心的生活。他的生命是与艺术融合在一起的,是血和肉的关系。在木心眼里,生活中的一切,都是艺术,文学、哲学、宗教、音乐……都不例外。

  我记得我二十三岁时,一个基督徒同学与我常常彻夜谈,我说:其实没有宗教,只有哲学。那同学第二天说:我差点失去信仰。说明她会想,我当时居然也这么说了。

  四十年过去了,我又想说——其实没有哲学,只有艺术。你去听贝多芬、勃拉姆斯,随时听到哲学,鲜活的哲学。②

宗教、哲学、音乐,是相通的,最终都归结到艺术。以上感悟,木心也是经过四十年才深刻体会到的。

人都有年少轻狂的时候,木心当然也不例外。少年时期的读书、画画、听音乐……其实都很肤浅,但当时体察不到,后来才能醒悟过来,或在原有的阅读基础上领悟加深。关于这些,木心都举出过实例。

1. 读书

(1)"中国很早就有弥尔顿的《失乐园》全译本,我读后,不

---

① 《文学回忆录》第四十一讲,546—547页。
② 《文学回忆录》第七十四讲,946页。

觉得很好,后来,我的侄女婿是弥尔顿专家,谈了三夜,觉得懂了。"①

(2)"二十岁前,我曾一味求美,报纸也不看——受他影响。宋词。马拉美。后来,醒过来了:一个男人不能这样柔弱无骨。是骨头先醒过来。"②

(3)"我十几岁看(托尔斯泰《复活》)时,浮光掠影,三十几岁读,基本上懂了。最近又读一遍,实在写得好。"③

(4)"少不更事时很爱读西塞罗的散文,觉得他较战国的纵横家要好,好得多。"时至1990年,木心仍旧认为:"我还是认为西塞罗较苏秦张仪之流要好得不能比。"④

2. 画画

"我在杭州时临拉斐尔,开始信心十足,两个礼拜后认输——弄不过他,差远了。"⑤

3. 听音乐

"一上来听勃拉姆斯第一交响乐,你会淹死。一开始听《圣母颂》、《军队进行曲》,很好。我小时候听这些,后来到杭州听贝多芬的《月光奏鸣曲》,居然完全听不懂。"⑥

所以,读书、画画、听音乐,要由浅入深,循序渐进,如此,方能有所得。要承认自己的肤浅,则需要岁月的积淀。人在成熟

---

① 《文学回忆录》第三十二讲,401页。
② 《文学回忆录》第四十七讲,604页。
③ 《文学回忆录》第五十讲,651页。
④ 《巴珑》,107—108页。
⑤ 《文学回忆录》第八十一讲,1034页。
⑥ 《文学回忆录》之《最后一课》,1069页。

时期,应当勇于承认当年的浅薄,意识到虚度光阴的可耻与痴傻。唯有如此,才能进步:"少年人大多心猿意马,华而不实,忽而兴奋,忽而消沉。我从十四岁到廿岁出头,稀里糊涂,干的件件都是傻事。现在回忆,好机会错过了,没错过的也被自己浪费了。"①

艺术环境的恶化,使木心痛心疾首。少年时期的木心,曾经憎恨旧道德,这从他对乌镇的很多批评可以看出来。但旧道德的好处在于,它对艺术是比较宽容的,否则木心也不可能始终怀念民国时期的杭州艺专与上海美专。

> 我这个年龄,四五十年代经历过新旧道德观水土不服、青黄不接的感觉。当时觉得旧道德去了,活该!现在才知道旧道德何等可贵。②

为艺术寻找一条路,是木心出走美国最主要的原因。美国是木心的"约旦河"。

木心曾对自己从少年时期试图挣脱故乡乌镇的束缚到最终前往美国的过程做过总结:

> 小时候关在家里,天天祷告——不知向上帝还是释迦——放我出去吧,流浪,打工,打仗,都可以。冰心到过美国,高尔基嘛到处流浪,鲁迅去过日本,可是我在家里……一路经历到"文革",我对上帝说:
>
> 够了!
>
> 年轻时去杭州,看到监狱,心想和我有甚关系。结果长

---

① 《文学回忆录》第三十七讲,483 页。
② 《文学回忆录》第七十四讲,944 页。

大了,一进二进三进,谁想得到?

……

我刚飞临美国,旧金山,看下去——这个国家好年轻!后来在曼哈顿俯瞰大楼群,那么阳刚。像小伙子,粗鲁,无知,但是阳刚。这里的狗、鸽子、松鼠,都容光焕发。①

为了艺术,逃出"静如深山古刹"的乌镇;前往杭州与上海,却一再遭受迫害;直到80年代以后,木心才在文学、艺术的世界里如鱼得水。在给陈丹青等人授课的时候,木心常常不自觉地将自己后期追求艺术的心得与早期的不成熟作对比,以此表达对过去的失望和对艺术成熟阶段的欣喜与感慨。

我在上海时,有厂里的小伙子推荐《第二十二条军规》给我看,告诉我说,还有意识流小说,王蒙不得了,写意识流小说——回想起来很有趣。他们认为我是"古典作家",时常考我,教导我,把当时那点可怜的文学讯息告诉我,什么存在主义呀,意识流呀,还有所谓"推理小说"。

我安静地听,表示很惊讶。我处世的方法:有些场合,装不懂。现在回去可不这样了——告诉他们:老子长大了,头发也白了,要听听我的。可是那些小伙子现在心思在别的地方。对文学没兴趣了。他们不知道,那时的青春期,是他们一生中的黄金段落呀。

现在,我来纪念他们的青春。②

在20世纪五六十年代,国内热爱文学的年轻人对国外的文

---

① 《文学回忆录》第七十九讲,1010页。
② 《文学回忆录》第八十一讲,1034页。

学潮流一知半解,仅有"那点可怜的文学讯息",却强不知以为知。木心当时对这些人的文学主张采取了装聋作哑的态度。等到木心对五六十年代的文学、艺术潮流了然于胸的时候,当年热爱文学的年轻人却失去了文学,青春情怀丧失了。这是多么可惜的事!

> 我青年时,爱艺术,但爱得心不安,理不得——在中国,在那时——直到 1982 年出来了,才爱得心安理得。这过程,说说容易,一挣扎,五十年。
>
> 最高兴的是:我对了,他们错了。有时走在路上,忽然一高兴:"我对了,他们错了。"
>
> 他们的势力真是大呀!①

"他们的势力真是大呀!"多么沉痛的一句话!

> 一个年轻时代老跟我谈尼采的老朋友,晚年对我说:我嘛,也算文艺十七级干部呀!
>
> 尼采成了文艺十七级干部!怪吗?因为他平凡。
>
> 西方人生活也很平凡。相对来说,中国人的心理,许多胡同、许多弄堂,中国作家还没去走呢。②

这位"老朋友"是谁不重要,既然是木心"年轻时代"的朋友,他的晚年应当与木心的晚年时期大致相同。"老朋友"已经丧失了艺术的初衷,变成了追求实际利益的庸俗者了,否则怎么可能在木心面前说出自己是"文艺十七级干部"这样的话。之所以如此庸俗,就在于"中国人的心理,许多胡同、许多弄堂,中

---

① 《文学回忆录》第四十八讲,616 页。

② 《文学回忆录》第八十一讲,1031 页。

国作家还没去走呢",没有窥阅世界的视野、没有设身处地的实践,没有跳出狭隘的潜意识,出现如此庸俗的说法不足为怪。

在漫长的追求文学、艺术生涯的过程中,木心依据丰富的人生经历获得的心得与体会,将自己的艺术生涯以回顾总结的方式归纳概括出来,世人从中也可看到这位旷世奇才追求艺术的艰辛与不易;更主要的是,读者可以从他这些总结性的结论中发觉艺术的可贵,获得追求文学、艺术的借鉴与教训,汲取奋进的力量。

第四章　木心作品解读

木心意识流散文《哥伦比亚的倒影》解读

一

木心擅长写意识流散文,其中《哥伦比亚的倒影》与《明天不散步了》是其代表作。意识流文体并非作者思想意识的肆意无序的天马行空,而是按照触发思绪的由头放纵思维涓涓流淌,通过呈现五彩斑斓的意象表现出丰富深广的内心世界,最后自然收束,留下酣畅淋漓的人生况味。《哥伦比亚的倒影》与《明天不散步了》就非常典型地体现了意识流文体的特征,两文不仅包含着丰富的思想,体现了木心对现实世界与人生百态的看法,而且结构严谨,照应周密,看似漫游无序信马由缰,实则提纲挈领中心突出。这些,都体现出木心思想的深刻与写作技巧的高妙。关于《明天不散步了》,严僮伦老师已经对其作过较为精辟的解读①,而《哥伦比亚的倒影》尚没有看到过相关的解读文章,因此很有解读的必要。

意识流作品,无论小说还是散文,往往都是由某一事物发端,进而展开思绪的漫游,比如伍尔芙夫人的《墙上的斑点》就是由发现墙上的斑点进而展开联想的,《哥伦比亚的倒影》也不例外。标题中的"哥伦比亚",是指著名学府哥伦比亚大学(以下简称"哥大")。文章开头以春日午睡过后喝完咖啡洗完澡,由髭须的或可刮或可留想到生活中的其他事是不容易取舍的,以买水果为例指出寓所"介乎水果铺子与哥伦比亚大学之间",引出哥伦比亚大学;之后又由试图在哥伦比亚大学借书又放弃,开始观察大学的各个角落。在游逛哥伦比亚大学的过程中,木心的思想得到充分的体现。简短而言,那就是印证爱尔兰诗人叶慈的"反文明"之论②;具体而言,那就是:对现实的失望,对人类远离童真的遗憾,通过抨击20世纪来缅怀之前的时代,呼唤传统价值的回归。

二

游逛哥大,满眼所见以及由此生发的感慨,都是对现实的

---

① 严僮伦:《木心意识流散文〈明天不散步了〉解读》,《名作欣赏》(上旬刊)2007年第3期。

② 木心曾将叶慈的思想归结为八点,其中第四点是:"世界已保不住中心,已经来的,将要来的,是反文明。"木心说:"所以叶慈的'反文明',不失为'预言',证实了诗人所见不谬。这些道理,我在《哥伦比亚的倒影》中表呈过了。"见《文学回忆录》第五十四讲,693、697页。

失望。

运送学位礼服的手推车,满载着"黑的蓝的黄的白的学士硕士博士",这些礼服都是人造纤维,"不该有的皱褶并未烫平"。木心不由得感叹:"人生如梦人生似戏是从前的感叹,现在是以羊毛蚕丝苎麻棉花为织物的礼服也不耐烦制作了,太不如梦,远不如戏……"一般而言,"人生如梦人生似戏"往往是对不如意的生活的感叹与惆怅。人到中年尤其到了老年,往前看,满目疮痍历经沧桑;往后看,大势已去满眼黄昏。青春已逝,韶华蹉跎,壮志未酬,难得糊涂,于是产生"人生如梦人生如戏"的感慨。可是在木心眼里,今天的生活连"人生如梦人生如戏"都比不上,可见糟糕到什么程度。就拿神圣的代表学位的礼服来说,今天的人都不耐烦制作了。以前的礼服,原料都是羊毛蚕丝苎麻棉花;今天的礼服呢,是薄而滑亮的人造纤维制成。原料的速成与低劣不说,制作还非常粗糙,"不该有的皱褶并未烫平"。这不能不让人心生感慨:还是从前好,哪怕从前"人生如梦人生如戏"。

的确,木心对商品大潮冲击下的新时代是不太认同的,他往往从生活中的一些小事透出对社会发展的失望。如他的《乌镇》一文。他1994年独自潜回故乡乌镇,连乌镇饮食的变化都接受不了。自然,学位礼服的原料改变无疑也体现了他的失望。

木心对现实的失望,还因为曾经的事物在现实生活中再也找不到存在的位置与理由。旧货摊上的那双高统男式黑皮靴,二战前的款式,可能"是林肯先生做律师时的遗物",价格便宜得幽默(九角钱),上好的皮质"现在还没发脆",并且"正适合我的胫和脚"。但是,买了这双靴子,"就得寻觅与之相配的衣裤",然而现实生活中又到哪里可以找到呢?假设这靴子是富兰克林时代的,"如果买回去,放在书架顶层,其下是富兰克林的自传,无疑情趣盎然",但是,这又与靴子的功能全然不符,"我买了回去,不穿,不陈列,岂非成了一种出于怜悯的收容"。于是,最后的结果只能是"别了,富兰克林的靴子"。

20世纪前的靴子,即便仍旧有穿着的功能,但在生活中已经找不到存在的理由了,哪怕它的价格再便宜,也卖不出去。可见很多事物一旦脱离了时代,就只能畏首畏尾地逐渐遭到淘汰。对此,木心无法接受。木心一直怀念民俗社会的慢生活,这在他的诗歌《从前慢》中体现得非常明显。商品社会挤压了传统事物的生存空间,这是无法改变的趋势,木心对此无法接受但又无能为力,只能在作品中表现对以往生活的深沉缅怀。

在哥大的绿影中,"我"看到一个全身都是"文艺复兴时期的装束打扮的年轻人"在忘我朗诵。由他五指并紧按在胸前或腿上的体现15、16世纪上流社会习惯的动作,"我"不由得万分感慨:"人类全都曾经像严谨的演员对待完整的剧场那样对待生活(世界)……"接着用了大量的篇幅描写20世纪之前的祥和宁静如诗如画,真正是世外桃源。

> ……田野里有牧歌,宫廷内有商籁体,教堂中有管风琴的弥天大乐,市井的阳台下有怯懦而热狂的小夜曲,玫瑰花和月光每每代言了许多说不出口的话……

20世纪之前的传统民俗社会,父慈子孝母良女淑,恪守人伦其乐融融,美妙童话对孩子们潜移默化的影响充满和风细雨,艺术无所不在,社会规则使人们的生活缓慢而有序。

>　……一袭新装时髦三年有余,外祖母个个会讲迷人的故事,童话是一小半为孩子而写一大半是为成人而写,妈妈在灯下缝衣裳,宽了点,长了点(明年后年还好穿)……早安,日安,一夜平安,父亲对儿子说,"我的朋友,你一定要走,那么愿上帝保佑你",少女跪下了,"好妈妈,原谅我吧"……对于书,提琴,调色板,与圣龛中的器皿一样看待,对于钟声,能使任何喧哗息止,钟声在风中飞扬,该扣的扣子全扣上,等等我,请等等我,我就来……

木心将20世纪之前称为"我思故我在"的时代。那时,人们知行合一,严守社会秩序与道德规范,"当时,什么都有贞操可言,那广义的贞洁操守似乎是与生俱来的天然默契,……"当然,木心也并不认为那个时代是完美无缺的,他也用了一定的篇幅来描写那个时代的动乱、杀戮、世风日下人心不古:

>　……那时,很长很长的年代,政变,战乱,天灾,时疫,不断发生,谣言,凶杀,监狱,断头台,孤儿院,豺狼成性的流寇,跳蚤似的小偷,骗子巧舌如百灵鸟,放高利贷的都是洞里蛇,恶棍洋洋得意,逆子死不改悔,荡妇真不少,更多的是密探和叛徒——都有,不像历史记载的那些些,还要数不胜数……

木心非常理性客观,他也看出20世纪之前的种种社会弊端,但是,他向往20世纪之前(尤其18、19世纪)的生活却是毋庸置疑的,这在他的许多作品,尤其小说《月亮出来了》中得到充分体现①;就篇幅而言,木心在《哥伦比亚的倒影》中描写20世纪之前的优越性要远远超过描写弊端,这也可谓木心向往那个时代的明证。虽然那个时代有缺陷,但总体而言,急功近利的商品经济大潮尚没有波及那个时代,所以在安宁恬淡的总体氛围中,人们波澜不惊地平稳生活着。

那么,20世纪呢?

20世纪,被木心称为"我不思故我不在"的世纪。这个世纪,人类丧失了人生目标,失去了精神信仰,丢掉了价值传统。木心将时代比作一艘大船,20世纪之前,"月复月年复年的进程确实慢得很,烦躁,焦灼(有人跳海了),船还是缓缓航行……"发展平缓但井然有序;进入20世纪,船"快起来,快得多了,全速飞蹿……'管它呢',谁知道从哪里来到哪里去"②"目标之忘却方向之放弃",社会节奏越来越快,传统价值荡然无存;"二十世纪便是一手刚作奉献另一手即取报酬的倥偬百年……"只看眼前不看长远、急功近利成为20世纪的特征;"二十世纪是丰富了,迅速了,安逸了,宇宙大得多了,然而这是个终于不见赧颜羞涩的世纪","现在真是一个不见赧颜羞涩的世纪",物质条件的极大提高却不能掩饰人们的羞耻心大大降低的事实。

20世纪,人们的确在许多方面获得了自由、民主与平等。

---

① 杨大忠:《〈月亮出来了〉解析》,《木心研究——〈温莎墓园日记〉解析》,北岳文艺出版社2019年版。

② 木心认为这艘船最终的命运只能是毁灭:"世界这只大船根本没有船长,有人毁坏,有人修补,但不问这船究竟航向哪里。可以预见,这船会爆炸,会沉没,沉没在宇宙里。"正可见木心对未来的绝望。见《文学回忆录》第五十四讲,696页。

表面上看，人人都可以发表自己的观点与见解，但对实际问题的解决完全是隔靴搔痒，不起任何实质性的作用；对社会的改变真正能够起到积极作用的人，又为了各自的利益毫不作为。木心将这种现状称为"长久不响"的钟。这也是木心对 20 世纪颇有微词的地方。

> 海德公园东北向的"自由论坛"，这个大名鼎鼎的"演说角"的可悲的象征性要到何月何年才成为可笑的记忆，演说家老是站在肥皂箱上，容易误认为肥皂推销员，现在已进化到自制轻便小讲台，蜗牛壳似的随身背来背去，和平主义者，禁酒宣传师，女权论者，星象家，赛马迷，登高一呼，自会有人围拢来，打诨，调排，嘘之诘之——正牌大牌的哲学家政治家不仅从勿光顾而且绕道好望角似的绕过演说角，然而绕不过地球，人也就是这些人，俏皮话和老实话要说明的是一个意思，"一切都要过去"……

人人都可以登上海德公园的"自由论坛"表达自己的主张，发表对时事的各类看法，甚至可以抨击政府，但也只是过过嘴瘾而已，世界绝不会因此而改变。这种自由、民主与平等显然是水月镜花海市蜃楼，对现实不可能形成有效的冲击。"正牌大牌的哲学家政治家"倒是可以对时事有一定的影响甚至实质性的影响，却对"自由论坛"敬而远之，他们"绕不过地球"即不能不参与社会生活，却因为信奉"一切都要过去"的信条而得过且过，何必殚精竭虑自找麻烦。20 世纪广泛存在这种不作为的思潮，是木心鄙视的。

木心对 20 世纪的抨击不遗余力！现实中充满世故，传统价值丢失,羞耻感荡然无存,表面追求高雅实则附庸风雅……无不使木心充满遗憾。生活中已经失去了"酒神精神",取而代之的则是"酒鬼精神":

> 我漫游各国,所遇者尽是些天然练达的人,了无愧怍,足有城府,红尘不看自破,再也勿会出现半丝赧颜羞涩了,心灵是涂蜡的,心灵是蜡做的,人口在激增,谁也不以为大都市的形式和结构是深重的错误,到博物馆去,到藏书楼去,到音乐厅去,仿佛去扫墓,去参与追悼会,艺术家哲学家曾经情不自禁当仁不让地以"酒神"命名,以"酒神节"来欢呼"精神之诞生"……麦子在悄悄发霉,葡萄一天天干瘪,"忘川"流出神话就混浊了一切水……

"发霉""干瘪""浑浊"……就是木心对20世纪的描写。

木心视艺术为生命!他最不能容忍的,就是艺术在现实中的节节败退。但他必须正视现实:"半个地球成了思想的废墟焦土……"《哥伦比亚的倒影》引用王尔德对纪德说的话"思想产生在阴影里,太阳是嫉妒思想的,古代,思想在希腊,太阳便征服了希腊,现在思想在俄罗斯,太阳就将征服俄罗斯",现实也确如王尔德所料。创造光辉灿烂的古代文明的希腊,如今竟然连哲学系毕业生都几乎没有读过柏拉图与亚里士多德的原典,教育主管机关和整个社会都本末倒置地只关心教育工具的充实;19世纪以陀思妥耶夫斯基、托尔斯泰和屠格涅夫为代表的天才纷纷降临的俄罗斯大地,在20世纪无论思想还是艺术,都风雨飘摇荣光消退。曾与希腊文明并列的罗马文明不复存在,如今的罗马只是治安极差的旅游之城;中国的万里长城不仅人如蚁聚"尿粪泛滥恶臭冲天",而且垒砌长城的秦砖,被目不识丁的村野农夫拆去充作"垒屋起灶之良才"。"以人类的智商的平均数来衡量,无论何国何族,大可不必紊乱亵渎成这样的局势局面"。无论中国还是西方,都乌烟瘴气一团糟,现代的浮躁与文化艺术彻底绝缘。这实在令木心痛心伤感!

木心对20世纪是失望的,甚至可以说绝望,这与木心对之前的时代,尤其18、19世纪的向往形成了鲜明的对比。他曾说:"二十世纪,不是十九世纪希望的那样。二十世纪条件最好,长大了,可是得了绝症。特别是近三四十年,没有大的战争,应该出大艺术家、大思想家。没有。坏是坏在商业社会。"[1]"这个世纪,是晕头转向的世纪,接着要来的世纪,也差不多如此。该朽的和该不朽的同在,这不是宽容,而是苟且。我们在伦理、政治的关系上已经苟且偷安得够了,还要在艺术、哲学的关系上苟且偷安——可怜。"[2]相反,木心对19世纪充满偏爱,甚至认为19世纪的强盗都具有人文气息,他在《再访帕斯卡尔》诗中说:"法国的山中草寇/托人到巴黎/买了最好版本的/《帕斯卡尔思想录》/行劫之暇/读几页/心中快乐"。20世纪呢?"美国强盗抢过我三次,没有这样雅,这也是十九、二十两个世纪的区别之一,总之,二十世纪,不行。"[3]爱憎之情溢于言表。纪德对20世纪也很失望,但这种失望是有所保留的,他曾从一位非洲青年的来信中嗅到了"大地的盐味",认为人类还是有希望的。木心对未

---

[1] 《文学回忆录》第二十八讲,356页。
[2] 《但愿》,《琼美卡随想录》,105—106页。
[3] 《白色平原》,《即兴判断》,67页。

来的看法比纪德偏激,在他眼里,20世纪商品经济的大潮彻底冲垮了理想中的民俗社会,"从前慢"的生活被嘈杂烦乱的现代快节奏所取代,艺术在夹缝中苟延残喘,这些,都使他难以接受。《哥伦比亚的倒影》一再重复富兰克林的两句话,"我决不反对把从前的生活从头再过一遍","即使不给我逢凶化吉的机会,我还是愿意接受这个机会,再过一遍同样的生活"。木心也愿意回到过去,"我也愿意了,也愿意追尝那连同整船痛苦的半茶匙快乐……"对20世纪之前时代的爱可谓刻骨铭心,哪怕痛苦远远大于快乐,这正显示出木心对"从前慢"生活的深刻缅怀。

三

木心之所以推崇20世纪之前,尤其18、19世纪的生活,就在于他认为那个时代质朴纯真,生活节奏缓慢平稳,人们大多自觉遵守人伦道德与社会规则;更主要的是,那是一个艺术上群星灿烂的时代,也是艺术最好的生存时代。如果说20世纪是个城府很深的时代,18、19世纪就是涉世未深的时代,就如同未曾丧失童真的孩童。木心在许多作品中一再引用耶稣的话:"不像小孩,就不能进天堂。"孩子能够进天堂,就因为他们还保留着人性的本真。《哥伦比亚的倒影》就通过描写孩童的天真烂漫,表达出木心对纯真年代的向往:

……我已步近两个金发的娈童,真的,还是这样好,对蹲在路边,地上多的是樱花瓣,捧起来相互洒在头上(鬈鬈柔媚),不笑,不说话,洒了又捧,又洒,我知道我是不敢蹲下去说"洒在我的头上好吗",那花瓣是凉凉的,痒痒的,脸上、颈上(他们停了,我就走)……他们是不会停的……

儿童对撒花瓣,是一种无意识的玩乐行为,对大人来说非常幼稚但对儿童而言乐趣无穷。孩子撒花的时候"不笑,不说话",郑重其事;而且"不会停的",乐此不疲。他们当然不可能想到成长之后社会的世故会使他们丧失纯真,只是尽由儿童的天性恣意挥洒。这种行为就如同纯真年代的质朴纯正的本质,唯利是图好高骛远的社会属性尚没有广泛存在的空间。木心从孩童身上联想到他的理想年代,他"不敢蹲下去说'洒在我的头上好吗'",是不想击破孩子玩乐的心境,就如同他沉浸在自己的艺术世界里不愿其他人打扰一样。孩子的童真应当使木心对20世纪感到阵阵寒意与凄冷。

木心理想中的18、19世纪已经永远消逝了,昔日重来已不可能,之前的时代在20世纪留下的仅仅是"倒影"。文章标题"哥伦比亚的倒影"中的"倒影",究竟指什么?为什么不把"倒影"改为"影子"?

"倒影"在文中出现过四次,且全部集中于文章的结尾。著者现在将这四个"倒影"与其修饰语用着重号标示出来:

……河水里,前前后后参参差差凹凹凸凸重重叠叠的倒影清晰如故,凝定如故,像一幅倒挂的广毯——人类历代文化的倒影……前人的文化与生命同在,与生命相渗透的文化已随生命的消失而消失,我们仅是得到了它们的倒影,如果我转过身来,分开两腿,然后弯腰低头眺望河水,水中的映象便俨然是正相了——这又何能持久,我总得直起身来，满脸赧颜羞涩地接受这宿命的倒影，我也并非全然悲观，如果不满怀希望，那么满怀什么呢……"

表面看来，木心之所以用"倒影"而不用"影子"一词，是因为他是站在哈德逊河边眺望对岸的哥伦比亚大学，看到"各个时代"的"排列而耸峙"的建筑轮廓在水中的倒影。这的确是"倒影"而非与具体事物方向一致的"正影"；但除此之外，"倒影"还有更深层次的意思在。

联系上下文来看，"人类历代文化的倒影""它们的倒影"是同一个意思，"它们"就是指"人类历代文化"即 20 世纪之前的文化。这两个句子都是比喻的说法，"人类历代文化的倒影"之"倒影"，显然是比喻人类历代文化在 20 世纪只能以颠倒的方式出现的非正常的状态，新世纪的人类已逐渐模糊、淡忘了历代文化；历代文化只能以"倒影"而非与具体事物方向一致的"正影"的形式呈现，喻示历代文化在 20 世纪的尴尬处境；"前前后后参参差差凹凹凸凸重重叠叠的倒影"，一再使用反复的手法，喻示 20 世纪之前历代文化的厚重与深广，这些厚重而深广的历代文化在现实中只能以"倒影"的形式呈现更令人叹息；"宿命的倒影"之"宿命"，即无法更改的命运，"接受宿命的倒影"即历代文化在现实中处于尴尬地位的被边缘化的命运是无法更改的，我们不愿意接受也得接受。这反映出木心对这一现状的遗憾与无奈①。

更令人沮丧的是,要想看到"正影"(历代文化在现实生活中的正常存在)而非"倒影"(历代文化在现实生活中以非正常形式出现的状态),就只能采取"转过身来,分开两腿,然后弯腰低头眺望河水"的尴尬姿势;一旦姿势恢复正常,"正影"就只能变成"倒影"了。言下之意:现实生活中,只有采用非正常的姿态(与20世纪的主流格格不入的思想)才能觉察到历代文化的可贵,一旦人在现实中以正常的姿态(与20世纪的主流相契合的思想)出现,历代文化将消失无痕。在木心眼里,历代文化的真醇与实质在20世纪早就消逝,只留下"倒影";即使我们弯腰低头寻觅(也只能通过看似可笑实则特立独行的方式才能寻觅到),也不会持久,毕竟人总是要以正常的站立姿势行事的。木心说:"我也并非全然悲观,如果不满怀希望,那么满怀什么呢……"表面上说不悲观,实则悲观透顶:反正20世纪之前的文化已经被人们遗忘了,与孩童一样纯真的年代已经回不来了,但生活总得要过,那就"努力加餐饭"吧。

木心选择世界著名学府哥伦比亚大学作为自己所思所想的地点,也是有一定深意的。文章以后人是否会产生"还是二十世纪有味"这一观点为由头,前往哥大借书试图证明这个观点

---

① 木心曾说:"全部希腊神话,可以概括为'人的倒影'。妙在倒影比本体更大、更强,而且不在水里,却在天上,在奥斯匹林山上。"(见《木心上海往事》,258页。)木心的这种说法也适合本文。就本文而言,"倒影比本体更大、更强",预示着由游逛哥大联想起的20世纪之前的价值观与道德观比20世纪更为纯正,"哥伦比亚的倒影"在"水里"而不在"天上",更是表现出对现实的沮丧。

的正确性,从而在哥大展开看似天马行空实则逻辑严密的思索。最后的结果是:"我又讪然满足于图书馆的景色,而不欲取览任何一本单独的书了(想抽烟)……""没有在哥伦比亚大学阅读过任何一本单独的书……"木心对大学也是失望的,他曾有俳句:"艺术学院里坐着精工细作的大老粗。"大学的专业划分日趋严密,但大学里的"大老粗"们却不能对20世纪人类思想、文化、艺术产生任何积极的影响,甚至像哥大这样的著名学府也是如此,人类文化依旧在倒退。所以木心说:"大学、美术院、研究院、向来反感,坐在那里什么也写不出来。"[①]木心在世界著名学府哥大抒发对20世纪的失望,其社会警醒意义何其深刻。

四

《哥伦比亚的倒影》作为木心意识流散文的代表,无论思想的深刻性还是构文的艺术性,都可以作为意识流散文写作的典范。就艺术特色而言,《哥伦比亚的倒影》也取得了极高的成就。

(一)草蛇灰线,线索明晰

意识流散文的一大特色,就是在看似信马由缰的文字纵横中保持明晰的写作线索,在统一思想的基础上由这条线索驾驭全文材料,防止出现文字与材料的"溃决",避免一发而不可收

[①] 《文学回忆录》第七十九讲,1008页。

拾的现象。意识流文体绝非文字与思想上的无政府主义，看似漫流无序实则有条不紊。《哥伦比亚的倒影》完全符合这些特征。全文以在哥大的行踪为线索围绕主题展开阐述，通过移步换景使景物与思索有机衔接，毫无拖沓牵强之感。全文具体的行踪线索是：

>……面对哈德逊河，右向的一箭之遥，便是哥伦比亚大学……这里多的是草坪，中楼的圆柱，破风……那个法国来的移民（笔者注：罗丹的雕像"沉思者"）坐在石块上似乎并不高兴……我木立在讲坛上不知下一个动作该如何……大厅空着，阒无人影……大厅、巨镜、黑讲坛、不见了，草坪，石阶，全裸半裎的男女不见了……河水里，前前后后参参差差凹凹凸凸重重叠叠的倒影清晰如故，凝定如故，像一幅倒挂的广毯……起风了，河面波潋粼粼，倒影潋滟而碎，这样的溶溶漾漾也许更显得潆漫悦目——如果风再大，就什么都看不清了。

行踪线索如同山的脊梁，驻足其上，两侧的山景一览无余无处遁形；《哥伦比亚的倒影》以行踪为主线把控素材，"形散而神不散"，形似散漫实则有序；不仅如此，行踪线索与材料的衔接也天衣无缝，毫无强行拼凑之感，如由绿影中扮作文艺复兴时期的男青年将五指并紧按在胸前的动作，木心评价："这是十五十六世纪上流社会的习惯、风尚，以前我对此细节是忽略掉了（原来手指要并得这样的紧），从而感慨自己对于以往的时代的情操和习尚是多么荒疏无知……"接下来木心用了大量的篇幅来描写"以往时代的情操与习尚"。如此自然并水到渠成，令人叹服。

(二) 充分对比, 手法多样

《哥伦比亚的倒影》用了大量对比手法,在事物的相对属性中突出主题的深刻性,同时又增加了文章的丰厚度,使论说显得充分而不偏颇。文中的对比又分正比与反比,如论述20世纪的衰落,木心举了三个例子:现代希腊文化的倒退,现代罗马由辉煌灿烂的古文明堕落为治安极差的旅游之城,中国的万里长城由奇迹沦落为尿粪的聚集地与愚蠢民众垒屋起灶的原材料提供场所,三个例子涉及古今中外,都意在说明20世纪的紊乱亵渎。这是典型的正比。反比对举更是使用得炉火纯青,且主次分明,如为了说明20世纪之前的质朴醇厚与动荡不安,木心以快速的蒙太奇手法使用大量极其典型的意象与画面来呈现时代特质,社会的稳中有序与鸡鸣狗盗形成鲜明对比,同时又以篇幅的大小来突出前者,弱化后者,以爱憎分明的态度看待时代,使读者明白作者的思想侧重。

对比手法还体现在木心在同一事物中突出前后的变化,以此表明态度。如将时代的发展比作一只航船,20世纪之前,"船长,大副二副,水手(小孩算是乘客),心里知道此去的方向,人人写航海日记,月复月年复年的进程确实慢得很,烦躁,焦灼(有人跳海了),船还是缓缓航行……";进入20世纪,"快起来,快得多了,全速飞蹿,船长大副二副水手不再写日记,不看罗盘星象,心态是一致的——'管它呢',谁知道从哪里来到哪里去"。航船进程的前后对比表明人类由20世纪之前的波澜不惊过渡到20世纪的喧嚣浮躁,人类已经丧失了目标,只是浑浑噩噩地随波逐流。木心对20世纪的鄙视由此可见一斑。

(三)开合自如,收束有力

《哥伦比亚的倒影》在写作上大开大合,收放自如。时而汪洋恣肆,一泻千里;时而峰回路转,收束有力。这种写法最见木心文字组织的功力,文章由此显得大气磅礴,豪迈奔放。内容收束之前,尽情蓄势:意象的堆叠、事迹的阐述、议论的抒发,都围绕文章的主题层层推演,看似随意实则意蕴深厚;待到蓄势成熟方才尽情收束,万事归一。从中可见木心高妙的结构组织能力。如:

  ……此外,便是薄的学士,滑亮的硕士,人造纤维的博士,还不如把花瓣洒在头上的好,认命不认输就已经很不错了,富兰克林的靴子价格是幽默的,"重过生活"的愿望并不幽默,怪只怪希腊神话中的"忘川"流出了神话,流入了现代都市的水管,而且太阳嫉妒思想,铜皮肤的思想者的体温真高,破旧的公园就是拉斐尔画过的雅典学院,意大利以罗马治安极差而著名,长城的砖被搬回家去垒屋砌灶,"见而信"则本来就是无济于事,"不见而信"则愈来愈办不到了——因此,大厅空着……

这段总结之语,用收束的手法将前文在哥大见到的场景以及由此产生的思想统括无遗,语句简练但概括明晰,上下内容的衔接流畅自然,毫无强行拼凑之感。就叙述顺序而言,这段收束之语也与前文详细的内容阐释相一致,两者相互照应,毫无错

位、丝丝入扣,体现了木心行文的严谨。再比如文章后半部分的收束之语:

> ……怕累赘而不买九角钱一双的长筒靴,我承认受到富兰克林"重过一遍生活"的诱惑,承认那次讲演是在排练中即告失败的,踽踽行到哈德逊河边,邂逅"文艺复兴人",五指并紧的古典款式使我联想起逝去的寒却了的人类社会的无数可怜的细节,那么,我想重过一遍的不是我个人的生活……

这段收束之语,同样体现了上述特征。木心在文中不止一次使用这种手法,可见其娴熟程度。

此外,作为木心意识流散文的代表,《哥伦比亚的倒影》和《明天不散步了》在标点的使用上都采用了一逗到底,偶用省略号与破折号,仅在文末使用句号的手法。这种独特的标点使用方式,严僮伦老师的《木心意识流散文〈明天不散步了〉解读》已经作过精到的分析,这里就不再赘述了。

五

《哥伦比亚的倒影》有着深刻的思想性与高超的艺术性。木心在文中体现出深沉的对 20 世纪的失望之情。在木心看来,20 世纪虽然在物质上大大丰富了,但急功近利的思潮却使得维护社会稳定的道德伦理趋于崩溃,尤其艺术环境的日趋没落更使木心痛心不已;但社会已经无法回头,他只能沉浸在自己的 18、19 世纪的梦里与巴尔扎克、福楼拜、陀思妥耶夫斯基、托尔斯泰、屠格涅夫等人神交,以此表达对那个时代的向往与缅怀。《哥伦比亚的倒影》就是木心这种心境的折射与反映。这也启示我们:面对日新月异的新时代,如何强化传统的道德体系,避免心浮气躁,回归"从前慢"的那种"悠然见南山"的生活,是个值得深刻思考的问题。

木心意识流散文《明天不散步了》再解读

一

《明天不散步了》《哥伦比亚的倒影》是木心意识流散文杰出的代表之作,无论主题思想、艺术特色或写作手段,两文都具有相似性,但同中有异又各有侧重。著者曾撰文解析《哥伦比亚的倒影》,指出此文的思想是:对现实的失望,对人类远离童真的遗憾,通过抨击20世纪来缅怀之前的时代,呼唤传统价值的回归①。至于《明天不散步了》,严僮伦老师也曾撰文《木心意识流散文〈明天不散步了〉解读》,对其进行精辟的阐释②。但该文主要围绕文本中的许多单个语句来逐一探究其中的内涵意蕴,显示出文本思想多视角、多维度的特征。这使得作品思想就

---

① 杨大忠:《木心意识流散文〈哥伦比亚的倒影〉解析》,《名作欣赏》(上旬刊)2020年第1期。
② 严僮伦:《木心意识流散文〈明天不散步了〉解读》,《名作欣赏》(上旬刊)2007年第3期。

如同散落满地的珍珠,虽颗颗璀璨夺目但没有一以贯之的穿索,因而体系性不强;同时,有些解读还是略显肤浅。实际上,如果联系木心的生平经历与主体意识来看,意识流散文《明天不散步了》在意识的自我放逐与延展奔流中,它的主体思想是非常鲜明的;由主体思想出发,又可以向外拓展出思想上的多重表现,因而主次分明、层次清晰。由此来看,《明天不散步了》仍旧有继续解读的必要。

　　意识流作品,无论小说还是散文,往往都是由某一事物发端,进而展开思绪的漫游。比如伍尔芙夫人的《墙上的斑点》就是由发现墙上的斑点进而展开联想的,《明天不散步了》自然也不例外。意识流作品的内容看似天马行空,实则有着明确的思想价值指向。就《明天不散步了》而言,它的思想可用作品中的一句话来概括:"生命是什么呢,生命是时时刻刻不知如何是好"或"我明知生命是什么,是时时刻刻不知如何是好"。这句话是作品思想的总纲,据此可衍生出很多木心对人生的感悟与体会。

二

　　《明天不散步了》以"上横街买烟"作为展开全文内容的由头,以"散步"作为贯穿作品内容的线索。散步的缘由是:"到寓所门口,幡然厌恶室内的沉浊氛围,户外清新空气是公共的,也是我的,慢跑一阵,在空气中游泳,风就是浪……"由散步途中看到的种种自然景物或人工景观,拓展出对人世变迁的看法。

概括而言,"生命是时时刻刻不知如何是好"这一主题思想可以衍生出多重内涵,这些内涵可以总结如下。

(一)人生无法预测与捉摸,命途多舛是人生常态

作品由风中的花香,将思绪引回到学生时代的春天,由那条"殖民地小街"的繁华喧嚣,回到现实中命运的"赧然",即由最初的满怀凌云壮志转向不得不向现实与世俗低头的悲哀与无奈。

> 同学中的劲敌出没于书店酒吧,大家不声不响地满怀凌云壮志,喝几杯樱桃白兰地,更加为自己的伟大前程伤心透顶了,谁会有心去同情潦倒街角的白俄罗斯旷夫怨妇,谁也料不到后来的命运可能赧然与彼相似……

"那条殖民地小街"应当就是木心年轻时代在上海美专求学期间所见的小街,因为作品中的"花铺""书店""唱片街""餐馆""咖啡吧""法兰西的租界""犹太人""白俄罗斯人酗酒行乞"的确符合旧时代上海租界里的生活场景与尘世风情。据夏春锦《木心考索》记载,木心于1946年1月以同等学力作为插班生考入上海美术专科学校(简称"上海美专"),之后因为积极参与学生运动反抗国民党反动统治,于1948年被当时的上海市市长吴国桢亲自下令开除了学籍①。那正是中国社会的动荡时期,身为上海美专的学生,木心和他的同学虽然"不声不响地满怀凌云壮志",相信年轻人在社会大潮中具有改天换地的胆识

---

① 《木心考索》,9—10页。

与气概,但动荡不明的社会形势却不能不使人感到迷惘不安;尤其是艺术环境被破坏,更使以木心为代表的艺术生感到悲观、失望甚至绝望,所以木心说大家"为自己的伟大前程伤心透了",其意为:前程伟大只是美好理想与愿望,对于未来,却谁也说不清道不明;今天风华正茂的学生同情"潦倒街角的白俄罗斯旷夫怨妇",明天自己会不会因为遭遇和他们相同而感到脸红?这些都让人感到人生的无奈与未卜,命途多舛是人生的惯常态势。

生活的实质有时并不体现于外在形态,而往往包含于外在形态掩藏下的深度内涵,这使人生充满了模糊性与不确定性。外在与实质,有时表现截然相反,这难免使人感到生命无常人生难料。所以,透过现象看本质,往往会发现生死就在一念之间,生机勃勃或许就是半途夭折的前兆。这也是人生充满不确定性的原因之一。

> 任何事物,当它失去第一重意义时,便有第二重意义显出来,时常觉得是第二重意义更容易由我靠近,与我适合,犹如墓碑上倚着一辆童车,热面包压着三页遗嘱,以致晴美的下午也就此散步在第二重意义中而俨然迷路了……

"第一重意义"是表象,"第二重意义"才是实质。表象与实质之间的关系,就好像"童车"与"墓碑"、"热面包"与"遗嘱"之间的关系一样。"墓碑"喻示死亡,"童车"喻示新的生命;"热面包"喻示美好生活,"遗嘱"则喻示不久于人世。所以,"墓碑上倚着一辆童车,热面包压着三页遗嘱"之意为:无论生命多么稚嫩,生活多么美好,距离死亡往往只有一步之遥;不仅死亡无法避免,而且生死转换往往就在一瞬间。大好青春年华时(第一重意义),焉能想到接下来很可能就是灾难和地狱(第二重意义)。

如此感慨,正是木心对自己人生经历的总结与反思。视艺术为生命的木心,在风华正茂的青春年华,焉能想到日后多灾多难。从1956年首次蒙冤入狱,到1978年正式平反,木心备受摧残,几乎丧命。所以木心说"谁会有心去同情潦倒街角的白俄罗斯旷夫怨妇,谁也料不到后来的命运可能椒然与彼相似",正是对自己人生经历的总结与反思。

(二)"物非人非"的无法避免,映照出木心对艺术环境丧失的绝望

事物的静止是相对而言的,没有任何事物能够永远保持真正的恒定。所谓"物是人非事事休"已经够伤感的了,木心却提出更深一层的伤感:物非人非。

……三年制专修科我读了两年半,告别学院等于告别那小街,我们都是不告而别的,三十年后殖民地形式已普遍过时,法兰西人,犹太人,白俄罗斯人都不见了,不见那条街,学院也没有,问来问去,才说那灰色的庞然的冷藏仓库便是学院旧址,为什么这样呢,街怎会消失呢,巡回五条都无一仿佛,不是已经够傻了,站在这里等再有风吹来花香,仍然是这种傻……

这段描写更是木心自身经历的重现,也更能证明上文所论的那条"殖民地小街"就是当年木心在上海美专求学时尚在的

那条小街。因为"三年制专修科我读了两年半"正与木心在上海艺专的经历吻合。木心1946年1月考入上海美专,1948年6月上海美专爆发了国民党特务制造的"六五血案",大批学生受伤,学生会骨干吴树之等八人被殴成重伤并先后遭逮捕入狱。事后木心因为参与上海美专党小组的营救活动而遭到开除,距入学正好两年半。"三十年后"即木心被平反的1978年,木心重游上海美专,却发现人、事、物完全面目皆非,学校旧址竟然建造了庞大的冷藏仓库,五六条街也全然不见当年的影子。这不能不令木心感到伤感。

木心本就是个怀旧的人。从小说集《温莎墓园日记》的序言来看,他非常怀念小时候乌镇的民俗社会;在离开乌镇五十余年后的1994年,木心潜回乌镇,却连乌镇的饮食变化都接受不了。对于文学、艺术环境,木心也是挑剔的。他怀念天才纷纷降生的18、19世纪,对20世纪与21世纪艺术环境的逐渐流失深感失望,这种情绪在《文学回忆录》中比比皆是。所以,他只能孤独地生活在自己的世界里与历史上的文学家、艺术家神交,把他们都看作自己的情人。同理,在《明天不散步了》文中,木心三十年后重回上海美专却意外发现记忆与现实已经完全无法对应,再也找不到过去的影子,创造生活之美与精神之美的"美专"竟然成了世俗之物的集散地,这不能不令向来怀旧、崇尚艺术的木心失望透顶。美专的"物非人非"映照出木心对艺术环境完全丧失的绝望。这也为木心之后离开中国去美国寻找新的艺术之路作了铺垫。

(三)对事物自身品格、原生态本质丧失的失望

木心很难接受信息化时代,他坚持认为科技的高速进步对人类的改变并非都是积极的。木心也不相信高科技与世俗传统能够并行不悖,两者之间的关系只能是科技挤压传统尤其传统文化的生存空间,文学、艺术的窘境早就出现且不可避免。在这种情况下,人类能够固守传统品格,事物能够保持生态本质就是非常难得的;遗憾的是,现实让木心失望了。

……我们这种人类早已不能整日整日在户外生活,工作在桌上,睡眠在床上,生育恋爱死亡都必须有房子,琼美卡区的屋子都有点童话趣味,介乎贵族传奇与平民幻想之间,小布尔乔亚的故事性,贵族下坠摔破了华丽,平民上攀遗弃了朴素,一幢幢都弄成了这样……

木心由人类不能缺少的"房子"引向自己居住的琼美卡地区的屋子,琼美卡的屋子都不伦不类,就像综合贵族与平民特征的怪异的综合体:既失去了华丽,又遗弃了朴素。传统的房屋特征与样式在现实中已经逐渐消失,在传统与现代结合、博弈的过程中,传统已经节节败退,它的最终湮灭将不可避免。

其实,传统与古典文化相辅相成。余光中曾对台北的高楼大厦代替传统的瓦面屋脊的现象深恶痛绝,因为瓦面屋脊的听雨意境消失无痕了,这意味着今人与古人再也找不到心灵上的默契。由屋面听雨而产生古典文学的内蕴与因子,这种现象在现实中失去了生存条件,今人与古人情感共通的纽带被割断了。木心同样如此,现代化的房屋既缺少贵族气息又丧失了平民情

调,正处于传统与现代你退我进的阶段。由此扩大,房屋的现实遭遇其实映射了人类的未来命运。因为现代化的社会潮流对传统世俗的冲击将呈现不可遏止的趋势,现代人淡忘甚至彻底抛弃传统也将成为可能,"酒鬼精神"最终取代"酒神精神"必将成为现实。这让恪守传统的木心感到无法接受。

现代潮流对传统事物无疑有冲击,对此,木心的主要态度是抨击、否定。现代事物自有其缺陷,木心对此当然否定;但即便现代事物的优势凸显,木心仍旧有所顾虑。

……那造对了造好了的屋子,算是为它高兴吧,也担心里面住的会不会是很笨很丑的几个人,兼而担心那错误的屋子里住着聪明美丽的一家,所以教堂中走出神父,寺院台阶上站着僧侣,就免于此种形式上的考虑……

现代社会的优势就如同琼美卡社区"造好了的房子",但这种优势往往会导致美丑颠倒、丑占有美或者美不得不接受丑的现象,就如同"很笨很丑"的人住着"造好了的房子"而"聪明美丽的一家"却只能居住在"错误的房子"。美丑错位或德不配位,那才是木心所"担心"的。神父应当居住于教堂,僧侣应当居住于寺院,适得其所,美丑归位适当,才是生活的真谛。这就是木心的看法。

现代社会无疑会造成传统事物原生态本质的丧失,这又构成了木心的担忧。对此,木心以今人对塔的"命题"模糊来说明,表达了自己的担忧。

……高高的有尖顶的塔,起造者自有命题,新落成的塔,众人围着仰着,纷纷议论其含义,其声如潮,潮平而退,从此一年年模糊其命题,塔角的风铎跌落,没有人再安装上去,春华秋实,塔只是塔,徒然地必然地矗立着,东南亚的塔群是对塔的误解、辱没,不可歌不可泣的宿命的孤独才是塔的存在感……

"不可歌不可泣的宿命的孤独"才是塔存在的原生价值与特征。东南亚的塔经过了反复的"安装"、重建与装饰,供游人观光游览,木心认为这是对塔的"误解""辱没",只是因为如此做法违背了塔的原生态价值,导致塔而不塔。这与鲁迅先生在破破烂烂的雷峰塔倒掉之后认为"则普天之下的人民,其欣喜为何如?"的看法完全一致,由此也可见鲁迅对木心之影响。

三

作品为什么以"明天不散步了"为题?究竟什么原因导致作者"明天不散步了"?为什么说"生命就是时时刻刻不知如何是好"?只有解决了这些问题,才能懂得作品的社会价值和警醒意义。

《明天不散步了》以"散步"作为贯穿全文的线索,通过散步过程中的所见所思抒发作者的人世感慨。就情节的组织构思而言,木心常常以对琼美卡地区花儿的视觉、味觉为由头,自由联想,引出对人事变迁的看法,最后归结到"生命是时时刻刻不知如何是好"的结论。如回顾昨天散步遇雨,由中美两国辛夷花外形上的差异,引出和平年代的安居乐业,进而推进到战争的残忍,之后再由中外音乐的共通性推论出以下观点:

人的哭声、笑声、哈欠、喷嚏,世界一致,在其间怎会形成二三十种盘根错节的语系,动物们没有足够折腾的语言,显得呆滞,时常郁郁寡欢,人类立了许多语言学校,也沉寂,闷闷不乐地走进走出,生命是什么呢,生命是时时刻刻不知如何是好……

无论"语言"呆滞的动物还是语系发达的人类,都不可能始终欢天喜地,要么"郁郁寡欢",要么"闷闷不乐",没有如愿的日子。那么,生活就如同流动的水,无法静止,人们只能随波逐流,无法停留于静谧的心仪的地方。至此,结论"生命是时时刻刻不知如何是好"的得出水到渠成。

再如由断茎的草的清香(嗅觉)与"受残伤的绿的血腥"(视觉)两者之间的不伦不类①——嗅觉上的沁人心脾却偏偏呈现视觉上的触目惊心——联想到人类的居所,然后再由此联想到屋子的颠倒错乱——又笨又丑的人住着好房子而聪明美丽的人却偏偏住着"错误的房子"。由这些颠倒错乱的组合上的共性,进而推进到事物往往无法适得其所的尴尬,这又构成了"生命是时时刻刻不知如何是好"的另一重内涵。

就情节构思而言,《明天不散步了》整体可分为:今天散步心烦意乱—昨天散步遇雨而郁闷—明天不散步了。之所以说"明天不散步了",原因还在于散步的过程中所思所想实在令人烦乱不堪:回忆过去,壮志难酬、命运多蹇,人生无法控制把握;

---

① 严僮伦老师认为,木心描写草叶的香味与"草群大受残伤的血腥","从中我们不得不佩服作者那透过现象看本质的思维的穿透力,同时也为作者对自然生命的慈悲情怀所深深感染"。解读得的确肤浅了。

立足当今,虽然所处环境花香四溢自己却"每当稍有逸乐,哀愁争先而起";展望未来,始终存在的烦乱思绪令人想到"明天不散步了",只为躲避散步过程中产生的愁绪对自己的侵扰。

所以说,木心以"明天不散步了"作为标题有多重含义:其一,"明天"即未来,木心对未来是不抱有希望的,他宁愿与未来决绝。因为艺术之路在未来只能越来越窄,这对以艺术为生命的木心来说是无法接受的。其二,"不散步"是为了躲避散步时产生的愁苦思绪对自己的侵扰,而这些愁苦思绪却是现代社会发展必然产生的精神上的产物。木心"不散步了"是为了免除现代社会的过度发展对自己心中的艺术世界的烦扰。其三,作品以"明天不散步了"为标题反映出木心甘愿与过于世俗化的现代社会隔绝的心态。唯有如此,他才能沉浸在自己的艺术世界里与庄子、陶渊明、曹雪芹、拜伦、莎士比亚、巴尔扎克、陀思妥耶夫斯基、福楼拜、兰波等人神交,把他们都看作自己的情人。

"生命是时时刻刻不知如何是好"该怎样理解?严僮伦老师认为:"这是木心先生对纷繁复杂、'剪不断,理还乱'的人生既模糊又清晰的独到感悟与精辟概括,或者说是一种睿智之至的人生答案。……面对没有尽头的时间,面对无边无际的宇宙,面对纷乱的人世,生命个体是显得那样的渺小与无奈……倘若不去想它倒也罢了,一旦思及,便令人感慨不已。"[1]这个结论过于空泛,既没有指明"人生答案"是什么,又没有说出"感慨不已"的缘由。实际上,联系具体内容来看,之所以说"生命是时

---

[1] 严僮伦:《木心意识流散文〈明天不散步了〉解读》,《名作欣赏》(上旬刊)2007年第3期。

时刻刻不知如何是好",那是因为生命无常、人生无奈,传统事物丧失之快超过了木心的想象,让人无所适从;同时生命的复杂性往往使人看不清生活的方向,乾坤颠倒、主次混淆所在皆是,命途转折往往在没有任何预兆的情况下突然发生……这些,构成了木心"生命是时时刻刻不知如何是好"这一结论的多重原因。"生命是时时刻刻不知如何是好"体现出对现实无法把控的无奈与惆怅①。

《明天不散步了》撰写于 1985 年。写成后,木心非常开心。他曾向陈丹青"孩子般表功":"丹青啊,到目前为止,这是我写得顶好的一篇散文。"可八年之后,在给陈丹青等人授课的过程中,谈及此文,木心却神色羞愧:"不过才气太华丽,不好意思。现在我来写,不再这样招摇了。"②可见才气纵横、汪洋恣肆是本文的一大艺术特征,因而被木心称为"才气太华丽"、过于"招摇";这也说明在木心眼里,《明天不散步了》虽然是其得意之作,但并非无懈可击。作为木心意识流散文的代表之作,《明天不散步了》和《哥伦比亚的倒影》曾被木心本人誉为"写得好"的

---

① 木心所言"生命是时时刻刻不知如何是好",此句应当受到他所崇敬的福楼拜《包法利夫人》的影响:"怎么!难道你不知道,有的人没有一刻不深陷在苦恼之中。他们一时需要梦想,一时需要行动,一时需要最纯洁的热情,一时需要最疯狂的快乐,人间就是在熙熙攘攘的社会里过着百般荒唐、怪诞的生活。""生命是时时刻刻不知如何是好"正是对《包法利夫人》中此句的精辟解释。

② 《木心谈木心——〈文学回忆录〉补遗》,219 页。

"伟大"的作品①,可见木心对这对双子星作品的自我激赏。如果说《哥伦比亚的倒影》将论述的重点放在对 18、19 世纪那个文学、艺术天才纷纷降生的年代的深沉缅怀上,《明天不散步了》重点表达的则是通过对"今天"散步时思绪上的不知所措来暗示对未来世纪的悲观绝望②。在木心看来,未来只能比现在糟糕,信息网络时代对文学、艺术的冲击只能越来越大而不会有任何减缓的迹象。对于以文学、艺术为生命的木心来说,他只能通过手中的笔来表达自己的内心世界,但也仅此而已;对于改变现实,木心是无能为力的。

---

① 《守护与送别——木心先生的最后时光(上篇)》,《张弟与木心》,第 24 页。

② 木心认为未来是没有希望的。他信奉爱因斯坦的话:"二十世纪除了交通、通讯发达,余无可告美,希望以后的人类以我们的状况为耻辱,而能免于这种耻辱。"见《文学回忆录》第五十四讲,696 页。木心将世界比作一艘没有船长、没有航向的大船,这艘船终将爆炸、沉没在宇宙里。见木心另一篇意识流散文《哥伦比亚的倒影》。木心这种对未来不抱任何希望的思想,也可见拙著《木心十七讲》关于木心小说《月亮出来了》的解析,北岳文艺出版社 2020 年版。

附录

孤标傲世、迥异流俗的回响
——评赵思运教授主编
《一个字一个字地救出自己——木心的文学世界》

木心是不是文学大师？围绕这个问题，2020年8月，由作曲家郭文景对木心的质疑发端，引发了陈丹青与郭文景、姜文、牟群等人的相互辩难。总体而言，木心并非文学大师，这是当代大陆文坛的主流观点。

木心已于2011年辞世，如果他还活着，他会如何看待别人对自己的质疑与否定？可以肯定的是，木心会对这些质疑不屑一顾，甚至连"付之一笑"的兴趣都没有。木心在《文学回忆录》中明确说过："我从不看中国的当代文学史。"他从来就没想到过自己的作品会得到大陆学者的承认。在这种情况下，他会在意大陆学者对自己的负面评价？不管你如何否定木心，他的作品《空房》《温莎墓园日记》就出现在哈佛大学的文学课教材中，与海明威、福克纳等世界文豪并列；他的30余幅转印画被耶鲁大学博物馆永久收藏。这是无法否认的事实。木心是西方公认的近200年来具有世界影响的作家，这也确凿无疑。

木心曾经说过:"中国的文艺评论家常常有这种论调,说'作者的矛盾的世界观限制了他的艺术才情'。请问,你们世界观正确,出了什么作品?谈世界观,你们不配。"同样的道理,肆意抨击木心不是文学大师或者艺术大师的人,你们倒是创作出一两篇或一两幅具有世界影响的作品出来给大家看看。

评价木心的作品与画作,常常会出现以下几类观点:(一)人云亦云、随波逐流。这类人连木心的作品都没完整看过,就想当然地随声附和。如"木心的作品就是国内的小清新们哄抬起来的""木心的转印画就是把墨水泼在玻璃上信手涂鸦之作,没有任何艺术含量""木心其实就是乌镇为了迎合文化搭台、经济唱戏主旋律的诞生物"等等,不一而足。(二)断章取义、以偏概全。如有人看了木心的"七言律诗",就断言木心不懂诗,甚至断言木心充其量只能算民国年间的五流诗人,因为木心的这些诗全然不遵守律诗的平仄要求。要说这些人完整看过木心的作品,我是根本不相信的。木心在多个场合评价过律诗:"我的看法是,古人协韵是天然自成,到了沈约他们,用理性来分析,其实便宜了二流三流角色。对一流诗人,实在没有必要。""纵观中国诗传统,有太多的诗人一生为了押韵,成了匠人,互相赞赏,以为不得了,这是很滑稽的。""从前的格律诗中之最上乘者,又倒是特别率性逾格逾律的那些作品。严谨的工整的句子、篇章,只见其严谨非凡工整到家——佩服,总不及感动好;感动中已有了佩服,佩服中有感动吗,常常是没有的。"真正看了木心的作品,明白了木心的文学主张,怎么可能会出现上述莫名其妙的谬论?可笑的是,这些评价木心作品的人还想当然的自我感觉良好。

(三)木心热潮是陈丹青出于对老师的报答而竭力推荐的结果。持有这种观点的人也不想一想:如果木心真的名不副实,陈丹青把他的作品推介给大陆读者,究竟是给木心、给自己抹黑还是添彩?

所以,我的看法是:知木心不尽,知木心作品不尽,不可以言木心。如何看待木心的作品?木心的作品有何价值与特质?如何评价木心在中国文学史与世界文学史上的地位?对这些问题的解答,都要建立在知人论世与对本人作品充分了解的基础上。

笔者的以上观点,就非常紧密地体现于赵思运教授主编的这本大作《一个字一个字地救出自己——木心的文学世界》中。本书是浙江传媒学院文学院师生集体智慧的结晶,对木心及其作品的研究是非常全面而又深入的,它"详细探讨了'绍兴的希腊人'木心在精神人格中的传统基因、乌镇元素,深入剖析了木心的文艺观念及其生成,展现了木心在文学领域的卓越成就,并对其代表作进行了鉴赏"(见本书的《内容简介》)。客观、科学而又公正地评价木心及其作品,是本书的重要特色之一。

本书共有四编。前三编分别阐释了木心的《精神人格》《文艺观念》《创造成就》,加上第四编《木心代表作鉴赏》,作品体系的建构非常科学。

就《精神人格》而言,《传统溯源——诗人木心的精神底色》详细论述了木心诗歌的三个层次:对故土的依恋感、对传统文化内涵的追寻、对新文化运动后新传统内涵的解读;《木心与乌镇的文化联系》《木心的精神还乡》则以乌镇为起点,在论述木心与乌镇关系的同时,更由浅入深地论述了作家独特的文学故乡与区域特征的联系;《括号里的木心》则由一个极小的切口——木心作品里的括号——入手,由此上升到对木心作品的思想性与艺术性的双重特质探讨。

再看《文艺观念》。《"文学个体户":木心创作的价值取向》详细论述了木心作品在 20 世纪 80 年代的中国台湾与海外文坛获得推崇的原因,令人信服地指出木心作品在大陆的独特性;《木心文学观念之考察——以"文学本体性的高妙"为核心》指出木心的文学艺术观不只是他对艺术的理解,更是他对生命如何自处于世界宇宙思考的总结。赵思运教授的宏文《"王顾左右而言他的大自由"——解码木心〈洛阳伽蓝赋〉》依据木心的赋文与后记,解读出木心隐含在《洛阳伽蓝赋》中的心境与思想:朝代更替的深邃暗殇。让人不能不感叹人世变迁的沧桑与悠远。《木心画中之魂与肌骨:"道"与"空间意象"》评论的则是木心的画作,令人信服地指出木心画之魂,为老庄之道;木心画之肌骨,是抽象化的"空间意象"。魂与肌骨的结合,形成了木心画作的独到特色。

第三编《创作成就》是本书重点,共计 16 篇。对木心文学创作成就的探析,向来是木心研究中的重点与难点。而本书一下子出现了关于这个论题的如此多的高质量的研究成果,无疑让人惊叹,佩服作者的勇气与胆识。这些文章,角度多样,论述充分,围绕木心创作的某个向度层层铺叙,最后得出令人信服的结论。或小中见大,如《从木心散文看中国文学的底气》《诗意的与现实的:木心与他的情欲书写》等;或探析个例,如《木心"统体运韵"说及〈旗语〉的运作机制》《〈诗经演〉中的"男"与

"色"》等;或综合考论,如《木心散文中的思辨精神》《木心散文中的悲观精神》等;或概括总结,如《木心:化身孤岛的鲸》《诗意、画意与音韵——木心小说艺术的跨界之旅》等。尤为可喜的是,对木心作品中的互文性的揭示,向来是一个研究的难点,《〈大宋母仪〉改写研究——木心互文性文学创作个案分析》对此却做了大胆尝试,值得肯定。

第四编《木心代表作鉴赏》是浙江传媒学院文学院师生对木心的作品,主要是单篇作品的赏析,总计13篇论文。借助这些文章的精彩解读,读者对木心作品的思想性、艺术性都会有一个直观而又清晰的认识。

木心的作品境界空灵,画面明净,含蓄蕴藉的内涵往往又与读者的心境不谋而合,真正体现了"人性"的张力;加上木心从不描写战争、英雄、美人等宏大题材,作品的自然化、世俗化往往能够深入大众之心。在快节奏的现代生活中,木心作品的出现如同清凉的春风,一扫尘世中的心态阴霾。所以,木心作品能够受到大众欢迎是必然的。赵思运教授主编的这本大作名为"一个字一个字地救出自己——木心的文学世界",其实,浙传文学院的师生们所做的工作又何尝不是"一个字一个字地发现木心"。读者,尤其是木心的爱好者与研究者若能对此书细细阅读,必将大有裨益。

杨大忠
2020年10月6日于桐乡陋室
(本文发表于《中国作家研究》2021年第二辑)

系统解析木心作品思想的滥觞之作
——评杨大忠教授《木心十七讲——〈温莎墓园日记〉解析》

2020年4月,杨大忠教授的专著《木心十七讲——〈温莎墓园日记〉解析》由北岳文艺出版社正式出版发行。这是第一部全面解读木心小说思想的大作,对木心研究而言,有着非常重要的价值与意义。

当前,对木心其人及其作品,往往存在着两种截然不同的评价:要么过誉,要么过贬。客观公正的看法较为寥寥。就研究动机而言,大忠教授可谓非常纯正。2006年起,木心隐居家乡桐乡乌镇,2011年去世,历时5年。大忠2010年任职桐乡,此时木心尚在世,但大忠对木心一无所知,也不相信他人对木心的高度评价。他在该书《后记》中说得非常清楚:"当时我对木心其人、其事、其作品全然无知,甚至还有点排斥,因为当时正是陈丹青先生和乌镇陈向宏先生竭力推介木心的时候。这也难怪,'文化搭台经济唱戏',惯用的手法往往不正是将一些名不副实或事迹模糊的前人推到前台来吗。乌镇推介木心,恐怕也是如此吧。"应当说,这是当时,甚至今天很多人的共同看法:在没有充分接触到木心作品之前,就凭借直观感受与自我意识而对其断然否定。这显然是文人的一种惰性思维,大忠当时也不能免俗。但一次偶然接触木心作品的机会却改变了他的看法:木心小说集《温莎墓园日记》中的《寿衣》与鲁迅的《祝福》竟然如此相似,都是讲述旧社会苦命寡妇的故事;但《祝福》通篇黑暗,《寿衣》却闪烁着人间的温情。由此发端才开始通读《温莎墓园日记》,并产生了强烈的研究这部作品的想法。所以说,真是非常庆幸,如果没有这次接触木心作品的偶然机会,这本《木心十七讲》就不会诞生,大忠恐怕也很难与木心产生联系,被木心作品折服,进而产生对此研究的想法,并开始进行实实在在的研究。所以说,这样的研究动机,无疑是最为纯正的,摆脱了为研究而研究的功利性。

2020 年 11 月,由浙江传媒学院文学院和桐乡图书馆牵头,第一届全国性的木心研讨会在桐乡召开。大忠教授在会上提出了研究木心的"两个基点"和"三个原则"。"两个基点"是对木心思想的总结,即木心作品贯穿着对传统民俗社会的深沉缅怀和对未来世界的失望甚至绝望;"三个原则"是:知木心生平不尽,知木心作品不尽,知木心思想不尽,不可以言木心。应当说,这是研究木心最简练而又精辟的高屋建瓴之论,是非常客观的。研究木心,最大误区就是想当然地拔高木心作品的思想性,殊不知木心作品存在着强烈的与叶慈一脉相承的"反文明"倾向,这在他的意识流散文《哥伦比亚的倒影》中显得极为突出。提出"两个基点",是其多年研究木心的经验总结,也为今后的木心研究指明了方向;而"两个基点"能够确立,就是"三个原则"在研究中具体运用的结果。

这本《木心十七讲——〈温莎墓园日记〉解析》就是在"两个基点"与"三个原则"指导下精心研究的产物。为了研究木心,大忠教授曾无数次翻阅《文学回忆录》和木心的其他作品。在和他多次小酌中,他都津津乐道自己研究木心的心得,一旦有新的发现,他往往眉飞色舞酒酣气振。正因为有着极高的研究热情,才能呈现这本有分量的《木心十七讲》。

《木心十七讲》总计十九篇,是顺应木心小说集《温莎墓园日记》中十七篇小说的排列顺序,逐一对作品思想进行解析的论文,此外还附录了读者关注度极高的两篇论文《木心的乌镇情结》和《木心的爱情观》。在我看来,这本大作呈现出如下特征。

(一)互文参照、多层解构

归纳、总结作品思想,一个误区就是强行解析,在没有旁证与辅佐材料的情况下,围绕作品兜圈子,自圆其说。大忠研究木心,以通读木心作品为前提,在木心的多种作品与言行中旁搜多种佐证,直至围绕作品得出最终结论。如此,结论是令人信服的。如《下午的喜剧》,说的是"我"在美国因为抽烟受罚的故事,小小的抽烟事件,引来的受罚程序则不厌其烦。由此得出结论:"自由"提倡得越响亮,范围越广,层面越多,执行起来就会越烦琐,对民众的骚扰其实也越大。这个结论后来经严僮伦老师采访木心时木心之言"我之所以回国定居,好像是因为在中国抽烟比较自由些"得到证实。再如《魔轮》,本来是沿袭甚至可以说抄袭了古希腊历史学家苏格拉底的学生色诺芬的《回忆苏格拉底》的第三卷第十一章,但经过木心几处加工,原文思想发生了本质性的变化:由赞美苏格拉底的智慧演变为对权威的藐视。为了证明这个观点,大忠从木心作品与《文学回忆录》中分别引用了木心对耶稣、王尔德、罗兰和蒙田的评价,证明了《魔轮》思想的科学性。

(二) 发掘人性,冷静客观

木心的小说,往往蕴含着悲天悯人的情怀与强烈的社会责任意识,这一点被大忠教授捕捉得非常到位。《SOS》中面对滔天洪水与待产孕妇的两难处境,具有崇高医德的医生毅然放弃逃生的机会,宁愿和素不相识的孕妇以及刚出生的小生命沉入海底,这种"爱人"情怀可谓惊天动地;《第一个美国朋友》里"福音医院"院长孟医生,对儿童具有慈父般的爱心与热情,对工作尽心尽责,如同一股清泉滋润着读者的心田,令人感喟;《寿衣》中的苦命女人陈妈,因为逃避不幸婚姻被"我"家所救,出于报恩,在最苦难的时候也坚守做人的原则,终于挽救了"我"的家庭;《七日之粮》中的华元和子反,恪守承诺,一言千金,惺惺相惜,互济互助;《西邻子》对童年与少年影像丧失再也无法寻觅的遗憾与叹息,让每位成熟的读者都感受到似曾相识的过去生活一去无回的叹惋……木心作品中这些充满"人性"的因素被大忠深刻挖掘了出来。

但是,"人性"中的弱点与缺陷也是实实在在的,木心在赞美人性的同时,也不可避免地写到了反面。《寿衣》中的陈妈,出身底层,深知滴水之恩涌泉相报的道理,但愚昧与忍让却成了她的另一特征。精美的棺木与寿衣就抵消了她一生的苦难使她含笑离世,这种由礼教与迷信造成的恶果使木心倍感吃惊。《一车十八人》中的李山,家庭与婚姻的不幸却成了高级知识分子津津乐道的调料,最终使激愤不已的李山做出了开车坠崖的可怕举动。知识分子的人性之恶得到了最充分体现。人性的可贵与阴暗,在《木心十七讲》中得到了充分挖掘,两者的有机结合凸显出木心作品的社会警醒价值。

(三)批驳卑劣,隐含不露

研究木心,一大问题就是对木心的言论断章取义,从而歪曲其思想,最明显的就是诗歌《杰克逊高地》的最后一句"不知原谅什么,诚觉世事尽可原谅"。很多研究者据此认为木心在其后半生已经原谅了自己在世间承受的一切,包括他所受的迫害。这种论断简直荒唐。其实,这首诗只是木心在特定时间受到外在触动而产生的一时感受,如果将其作为木心思想的终生总结,就会陷入以偏概全的误区。人世间的一切对木心造成的身心创伤,木心在公开场合的确很少透露,他是否已经原谅了所承受的种种苦难?其实,木心通过看似荒唐实则真实的故事清晰地表达了他对这个世界的态度,这突出表现于他的小说《芳芳 NO.4》。我以为这是木心写得最好的小说之一,当然,大忠对该文的解读在这本《木心十七讲》中也达到了至高境界。

芳芳由一个美丽柔弱的城市少女最终变成一个俗不可耐的乡村农妇,这种不可思议的转变的原因是什么?"我"最后对芳芳的恶意揣度为什么显得无比刻薄却最终得到朋友的认可?这些问题,大忠都作了令人信服的解读,最后的结论也极为沉痛:"特殊时代造就了芳芳由人向'鬼'的转变。木心对自己在浩劫中曾遭受惨重迫害的人生经历讳莫如深,但在其作品中,他又以芳芳的人生转变隐晦地揭示出那个特殊时代的残忍。正是那个群魔乱舞、人鬼颠倒的时代将天真无邪的少女芳芳硬生生地'改造'成了庸俗市侩的中年妇女;即便那个时代已经终结了,但它的后续恶果仍旧存在,我们看不到芳芳最终的出路在哪里——即便重回上海,她还能干什么呢?所以,就主题来说,小说《芳芳》就是一把砍向知青下乡和'十年浩劫'这两大历史事件的锋利快刀。"对芳芳转变的时代因素与具体原因,木心有意不说,而是一再突出芳芳转变后的庸俗。这就够了,莫名其妙的时代必然会扼杀美丽,把人变成鬼。木心的沉痛笔触其实隐含了对社会乱象的悲哀与诅咒,深藏不露却又笔力千钧。

(四)客观沉稳,不偏不袒

对人对物,木心往往以较为客观的笔调加以呈现,并不掩饰自己的好恶与褒贬。这一点被大忠看得非常清楚。研究名人,往往有一种倾向,誉之则被捧上天,棒之则被摔下地,这两种倾向都是非理性的。在第一次木心研讨会上,笔者就曾遇到过几位崇拜木心的青年学者,他们绝对不允许别人对木心进行任何否定性的评价,这就是非理性的。《木心十七讲》中《木心的乌镇情结》一文,写到了木心对乌镇人事与变化的厌恶,这种厌恶其实与木心永远缅怀已经渐行渐远的民俗社会的事实相吻合,大忠揭示得非常深刻。台湾著名画家席德进是木心杭州艺专的同学,《此岸的克里斯朵夫》是木心悼念席德进的悼文。小说以非常公正的笔调评价了席德进的艺术成就,指出席德进的绘画尚不能达到伟大艺术家的水准。大忠旁搜佐证,从木心对罗曼·罗兰及其《约翰·克里斯朵夫》评价不高的事实,将崇拜罗兰与克里斯朵夫的席德进比作"此岸的克里斯朵夫",意即席德进没有像渡河成功的克里斯朵夫一样到达艺术的彼岸。木心是真诚的,他并没有因为写作《此岸的克里斯朵夫》是为了纪念席德进逝世五周年就凭空杜撰自己与席德进之间的深厚友谊,而是以一种客观的真实的态度追忆当初与席德进的交往,展示自己对席德进的由衷的评价。这样的作品,是冷静的,禁得起检验与推敲的。大忠对本文的解析,独到精辟,行文饱含深情,在让人感动的同时,也感受到木心作品对他心灵的震动。

《木心十七讲》是第一部全面解析木心作品的大作,在木心研究史上应当具有重要地位。本书出版之前,对木心作品内涵的研究往往浮于表面,在外围兜圈子,自圆其说。《木心十七讲》的出版,填补了这一空白,作出的尝试非常可贵;并且很多解析都与木心本人的思想大致相符,这就更难能可贵了。如果说本书有什么缺点,在我看来,既然是"解析"之作,就不能仅仅局限于对思想的阐释,木心小说的艺术形式应当也是"解析"的方向之一。因为木心本身就是"文体家",他在小说体例上的尝试也是非常积极与成功的。大忠教授今后可以在此方向作进一步努力。

最后,期待大忠教授的第二本木心研究大作能够尽快出版,再为读者奉献精神大餐。

张天杰(杭州师范大学国学院教授)

(本文发表于《名作欣赏》(上旬刊)2021年第4期)

后　记

  2021年4月,木心故居"晚晴小筑"正式面对游客开放。开放的前一天,赵思运教授通过微信问我:"老杨,明天去晚晴小筑吗?"我说愿意去体会一下,找找今后研究木心的灵感;转念一想,又觉得过于突然:"老赵,你们是作为嘉宾去的吗?谁邀请的?"老赵回答说是木心美术馆邀请的,然后说:"你研究木心,出过专著,我以为他们也邀请你了,所以我问问你是不是要一起去。"我给老赵回复了三句话:

  "我低调啊,他们哪能想到我?"

  "默默做好自己事,莫管人间是与非。这境界如何?"

  "你看我研究木心,何曾张扬过。"

  老赵于是感叹:"是呀,你研究木心,出了有分量的专著,发了那么多文章,竟然连书评和序言也不发表,真是低调。低调是金啊!"我说:"我在中学,教学才是我的主业,其他无所谓。"

  回顾自己研究木心的经历,感慨颇多。从知道木心并且喜欢上他的作品开始,我就开始了对木心的研究。迄今为止,在各类学术期刊发表木心研究论文8篇。现将其罗列如下。

  1. 木心《寿衣》思想探析[J].关东学刊,2018(2)

2. 木心《此岸的克里斯朵夫》思想探析[J].菏泽学院学报,2018(6)

3. 木心小说《温莎墓园日记》思想探析[J].名作欣赏(上旬刊),2019(7)

4. 木心意识流散文《哥伦比亚的倒影》解读[J].名作欣赏(上旬刊),2020(1)

5. 从木心作品看木心对乌镇的情感变迁[J].湖州师范学院学报,2020(7)

6. 论木心的爱情观[J].关东学刊,2020(2)

7. 木心意识流散文《明天不散步了》再解析[J].名作欣赏(上旬刊),2020(12)

8. 从木心与李梦熊的交往看木心的艺术观[J].齐鲁师范学院学报,2021(2)

此外,2020年4月拙著《木心十七讲——〈温莎墓园日记〉解析》由北岳文艺出版社正式出版发行,并在国内读者中获得好评。

应当说,在木心研究领域,也算小有成绩了。我研究木心,不张扬,不宣传,不带任何功利性,纯粹出自对木心作品的叹服与崇敬。我不求别人因为我研究木心而对我高看一眼,更不会因为小有成绩而沾沾自喜、自我标榜,并借此扩大自己的影响。所以,虽同处桐乡,但木心美术馆的负责人竟然忘记了还有我这个木心研究者存在。纯粹的研究出自纯正的动机,正如木心晚年深居"晚晴小筑"不愿见尘世俗人一样。对我而言,热心教学、不误人子弟才是我的主业,木心研究是副业,主业与副业不能本末倒置、喧宾夺主,仅此而已。

之前出版的《木心十七讲——〈温莎墓园日记〉解析》是国内第一部全面解析木心作品思想的专著。作品问世后,我收到很多读者的短信,都是鼓励与肯定之语。其中有一条至今还保存在我手机里。

杨教授:

您好!

题词签名的大作《木心十七讲》已经收到,非常感谢!定当认真拜读。木心著作熔铸古今中外,丰富厚重,语言精彩,但是难懂其内涵。我一直盼望深入其文本来解读的著作问世,可惜几乎没有,人们只是在外围盘来盘去,不肯鞭辟入里去深入分析,您的大作填补了空白,一定会得到广大读者尤其是木心爱好者的欢迎!可喜可贺!

这种读者,就是纪德所说并受到木心推崇的"大地的盐味"!他们热爱木心,热爱木心的作品,对木心研究抱有很高期望!相信这样的读者今后会越来越多。这样的读者,这样的期望,也是我今后继续研究木心的动力之一。

我没有见过木心,但研究木心多年,他的形象在我心中逐渐立体而丰满,他的文学作品也愈加厚重而温婉。这个人物及其作品有着极大魔力,使人在生活的逆境中能够掘开黑暗的一角,透进使人振奋的亮色。我想,这恐怕就是木心能够受到越来越多读者喜爱的原因。

木心及其作品,值得继续深入研究!

接下来说说这本《真实的木心》。

这本书与之前出版的《木心十七讲》不同。《木心十七讲》主要是对木心小说集《温莎墓园日记》中收录的17篇小说逐一进行解读的专著，此外还附录了木心对乌镇的情感以及探索木心爱情观的两篇作品。而这部《真实的木心》，内容是多方面的，不局限于一个主题。有对木心生平事迹的钩沉，有对木心敏感话题的探析，有对木心作品的解读，有对木心文学艺术思想及成就的探讨，也有对木心和他人关系的探讨。此外，本书还重新收录了《木心十七讲》里的《木心与乌镇的一世情缘》一文，因为在研究过程中又发现了新的论述点，但又怕独立成篇后打破原文主题的完整体系，于是对原文增补修改，列入本书以飨读者。

此外，研究木心，还要对他人的研究成果有所涉猎，以期获得新的材料，完善自己的成果。鉴于此，本书还附录了为赵思运教授主编的《一个字一个字地救出自己——木心的文学世界》所写的书评《孤标傲世、迥异流俗的回响》，及张天杰教授为《木心十七讲》所写并刊载于《名作欣赏（上旬刊）》2021年第4期的书评《系统解析木心作品思想的滥觞之作》。感谢赵思运和张天杰两位教授！

此书面世后，究竟反响如何？这个问题留给亲爱的读者们回答吧！

杨大忠

2021年5月4日